Alma Y Corazón en Letras II

más allá del bien y del mal

Alma y corazón en letras II : más allá del bien y del mal / Elías Almada ... [et al.] ; compilado por Gladys Viviana Landaburo ; editado por Gladys Viviana Landaburo ; fotografías de Julia Grover. - 1a ed compendiada. - Cosquín : Del Alma Editores, 2017.
   325 p. ; 21 x 14 cm.

   ISBN 978-987-3907-87-6

   1. Antología de Poesía. I. Almada, Elías II. Landaburo, Gladys Viviana, comp. III. Landaburo, Gladys Viviana, ed. IV. Grover, Julia, fot.
   CDD A861

Alma y Corazón en Letras II:
más allá del bien y del mal
Editora: Gladys Viviana Landaburo
Fotografía: Julia Grover
Email: juliagogrover@hotmail.com
© 2017 Del Alma Editores
Email: del_alma_editores@yahoo.com.ar

Todos los Derechos Reservados.
Prohibida la reproducción total o parcial de esta obra
por cualquier medio sin previo permiso escrito
por parte del autor.
ISBN: 978-1541359536

"Aceptar la negación de la verdad constituye la afirmación de que la vida significa, claro está, un enfrentamiento peligroso con los sentimientos que normalmente se asocian con los valores, por lo que una filosofía que se atreva a ello se sitúa más allá del bien y del mal."

Friedrich Nietzsche

Aquí estamos nuevamente estrechando nuestros lazos fraternos a través de la poesía entre autores de todas partes del mundo, en esta nueva antología poética nacida como *Alma y Corazón en Letras II más allá del bien y del mal...*

Qué mayor alas puede encontrar el sentir, que las que provee la pluma de un autor al expresar libre de prejuicios un sentimiento desbordante alejado de la mediocridad y que se permite el atrevimiento de ser *más allá del bien y del mal,* desde donde llega para desencadenar sensaciones exquisitas...

Los invitamos a disfrutar de la mano de la propuesta de cada uno de los autores del mundo, que son esta *Alma y Corazón en Letras II más allá del bien y del mal*

Gladys Viviana Landaburo
Editora

ELÍAS ALMADA
ARGENTINA

BIOGRAFÍA

Poeta, escritor con participación en más 60 antologías en Ebook, y libros en papel en Argentina, Chile, Bolivia, Venezuela, Brasil, Perú, México, Puerto Rico, Nicaragua y España,

Miembro de: Poetas del Mundo, Union Hispano mundial de Escritores, Sociedad Venezolana de Arte, Parnassus Patria de Artistas, Pe A Paz, y diversos grupos literarios de Facebook.

Con Participación en diversos encuentros de poetas, escritores, de Educación y de Historia.

DE LA MAÑANA A LA NOCHE

Así como la flor
perfuma de rosas las mañanas
el pimpollo de tus labios
llena de aromas mi boca,
y como ese sol
ilumina en resplandor el día
tus ojos
reflejan ternura en mi mirada,
el ritual de tus mohines
decoran tu sonrisa
callados y armoniosos paladines
revoloteando como aves en tu mejillas,
cuando llegue la noche
será tu piel encendida
la que con esmeros y sin reproches
colmen de gratitudes mis ansias.

ALEGRÍA EN COLORES

Payasito de tierna sonrisa
me llevas de la tristeza a la alegría
aun cuando el corazón te duele
y la lágrima pondera tu sangre,
Payasito de mirada pícara
cómplice en cada carcajada
de los magos constate partenaire
el de los chistes "pavotes" de siempre,
Payasito de hábil pirueta
gambeteando los dolores de la vida
pintando tu cara de mohines
y hermosos mamarrachos de colores en tu traje,
Payasito, payaso de las mil payasadas
repartiendo caramelos de ternura
otras vez llenas las valijas de tus viajes
con mañanas soñadas en ayeres.

BESOS DE LA VIDA

Abre su boca la vida
en un beso de pasión
sus labios son dos caricias
que dominan mis sueños.
Palpito su latido en purpura
color de la ternura,
siento su suave tibieza
cual pétalo de rosa,
son besos de sabor eterno
que contienen mi cuerpo
le hablan a mi corazón
y me llenan de amor.

MARÍA ELENA ALTAMIRANO
ARGENTINA

BIOGRAFÍA

Mi nombre es María Elena Altamirano, vivo en Cosquín, provincia de Córdoba, República Argentina; a los 14 años descubrí mi gusto por la escritura.

En 2001 participé con una poesía en el concurso literario "Juan Filloy" realizado por la Sociedad Cordobesa de Escritores, obteniendo un diploma de reconocimiento.

En 2014 participé con mis poesías en la Antología Literaria Internacional de Cuento y Poesía "Sueños & Secretos", junto a importantes autores de varios países de habla hispana.

En 2015, obtuve un diploma por la participación en el Primer Concurso de Poesía de la página de Facebook "Destellos de Versos Libres".

En este año 2016 participe en las antologías "El Eco de la Musas II" y "Luces de la Memoria" junto a varios autores hispanoamericanos. Y también vio la luz mi libro de cuentos infanto juveniles "Los fantásticos Cuentos de la Abuela", poniéndole alas a la imaginación, que fue declarado de Interés Municipal en la Ciudad de Cosquín.

A MI AMOR

Ocupas mi mente,
mi vida entera,
Si tú me faltaras,
tal vez yo me muera.

Te pienso y te quiero
a cada momento,
no te vayas nunca
que sin ti me pierdo.

No encuentro la forma
de decirte lo que siento,
faltan las palabras,
sobran sentimientos.

Es mi piel que pide
por la tuya a gritos,
es "ese" momento
que se hace infinito.

Y es todo sagrado
cuando estamos juntos,

solos tú y yo,
ya no importa el mundo.

INDISPENSABLE

Eres el motor que me lleva
a vivir plenamente,
a sentirte indispensable
y quererte desde siempre.

Tú me das la energía
para al día hacerle frente,
eres lo más importante
en mi corazón y mi mente.

Motivas mi alegría,
no concibo la vida sin ti,
sería como una planta sin agua,
no te imagino lejos de mí.

Tú me das la paz
que siempre he ansiado,
tú me das el amor
que siempre he esperado.

Eres verde pradera,
eres agua mansa,
eres el regazo
donde se descansa.

Eres primavera,
eres tú mi sol,
que me alumbra siempre
y me da calor.

Tú me das todo,
como a mí me gusta,
estás hecho para mí,
a mi medida justa.

Es tan bueno estar contigo,
que hasta me da miedo
y me pregunto si sabrás
lo mucho que te quiero.

TE ESPERABA

Me vestí de esperanza para esperarte,
cubrí de alegría a mi corazón,
mis ojos miraban todo diferente,
porque creí firmemente que llegarías, amor.

Llegó el medio día y yo te esperaba,
tu nombre de mi boca quería escapar,
guardaba mi sonrisa para ese momento,
en que sublimemente te vería llegar.

Te imaginaba entrando por esa gran puerta,
mi corazón te llamaba, no podías fallar,
pero pasaron las horas y ganó la noche,
y sin ti al llanto, yo debí callar.

Y desde ese día te seguí esperando,
pero esa gran puerta nunca se abrió.
Han pasado años y siempre recuerdo
el dolor tan grande, la desilusión.

No tendrás idea como estoy ahora,
pero quiero que sepas que ya te olvidé,

quiero que te enteres que no me interesas,
y que hoy, sin ti, yo me encuentro bien.

ADIÓS

Tu indiferencia me condena a vivir sin tu mirada,
tú todo lo has terminado, ya no escucharé tus palabras.
Tu indiferencia me condena a mirar para otro lado,
a pensar que no me importas y dejarte en mi pasado.
Me duele todo lo que haces, pero no dejaré que me hiera,
el hecho de que no me hables y ni me mires, siquiera.
Si así me quieres borrar, ese será tu problema,
tú sabes que yo existo, esa será tu condena.
Condena será olvidarme viéndome día a día
y pensar que no has podido obtener lo que querías.
Me niegas a tus ojos, me estás quitando de ti,
no me gusta que lo hagas, pero es mejor así.

Ahora me siento libre, no pienso volver a verte,
no sueño utopías ni creo poder tenerte.
Me siento más relajada, te estoy quitando de mí,
no te pienso a cada rato, ni estoy pendiente de ti.
Tú dijiste el adiós que tal vez yo presentía,
tomaste la decisión que yo no me atrevía.

LORENA ÁLVAREZ
ECUADOR

BIOGRAFÍA

Lorena Alvarez Cañarte, poeta y escritora guayaquileña. Es autora de dos obras literarias " Poesías que llegan al alma" libro editado en Málaga-España en el año 2013, y " Poesías que llegan al alma 2 " publicada en el programa de Poemarios Guayaquileños de la Muy iLustre Municipalidad de Guayaquil en Julio del 2014, actualmente se encuentra escribiendo una novela y en 3 meses publicará su tercera obra literaria, sus grafias están impresas en varias antologías literarias
como " Poemas dulces" del Círculo de Latinoamericano de escritores y "Alma y corazón en letras" de Argentina, entre otras.

CÓMO ME CUESTA

Cómo me cuesta, guardar la compostura,
ante la atadura de esos abrazos tan ansiados,
ante el roce, de tu cuerpo tan deseado,
ante la utopía, de unos dulces labios tan amados.

Cómo me cuesta,
disimular las ganas que te tengo y que tú me provocas,
cuando me miras a los ojos,
me susurras al oído y te apoderas de mi boca.

Cómo me cuesta, hacer el papel de alumna del adorable profesor,
ladrón de sueños, ladrón de amor,
él que se apoderó de mi cordura,
él único, con él que quiero compartir mi cobertura.

Cómo me cuesta,
guardar la respetable apariencia de dama y señora,
Cuando en realidad hierve la sangre por mis venas,
la luna está llena y cuando estás dentro de mí, me siento plena.

MARCASTE TU TERRITORIO

Marcaste tu territorio
en las coordenadas de mi ser,
me sedujiste y arrebataste mi honradez
con el ardiente brillo de tus ojos,
la pasión desbordante de tus labios rojos.
los besos y caricias, que cada noche me hacen estremecer.

Marcaste tu territorio
con el aroma que emana de tu piel
con tu varonil perfume
tus besos que trastornan mis sentidos
con las dulces y apasionadas caricias
que día y noche me hacen enloquecer.

Marcaste tu territorio
en cada milímetro de mi piel
¡Me declaro tuya!
Sin opción a cambio de dueño
porque solo tú, eres el único hombre
el que día y noche arrebata mi inocencia y posee en mis sueños.

CORAZÓN VACÍO

tengo seco el corazón
se lapidó con lágrimas
aquellas lágrimas que provocaste tú
con tu indolente indiferencia
celos infundados
fustigaste mi alma
quebrantaste mi luz.

Hoy camino por la vida
sin rumbo fijo, ni destino
devorando el día a día
en calma, sin hastío
sola, sin sentimiento en mi alma
y con el corazón vacío.

A UNA MUJER

A una mujer
enamorada como yo,
que piensa en ti, te sueña y te ama
que respira… el aire que respiras
que sigue las huellas por donde caminas
que te venera
que no le da, congruencia a otros hombres,
que te respeta
porque adora, hasta tu nombre.
A una mujer
enamorada como yo,
¡¡No le pidas fidelidad!!
no es necesario
soy más fuerte
cuando tú, no estás
me cuido, protejo y conservo
solo para ti
¡¡Porque te amo!!

RAMÓN AMARILLAS
MÉXICO

BIOGRAFÍA

Ramón Silverio Amarillas Armenta, nacido en el Puerto de Guaymas Sonora.

Poeta, Escritor y Artista Plástico, ha participado en Antologías Internacionales de Poesía y Cuento en Argentina y España, así como en diversos programas de radio en estos países con poemas y reflexiones bajo el eslogan "Bajo la Sombrilla" invitando a la reflexión promoviendo los valores

En México participa como colaborador en
Revista Ángulos en página web
En Red Dados Bing Click Radio
En Argentina ha participado en las Antologías Internacionales
El Eco de las Musas: Sólo Poesía
Sueños y Secretos Poesía y Cuento Autores Hispanoamericanos
El Eco de las Musas II "Entre lo Abstracto y lo Tangible"
Y su más reciente poemario "Más allá de mis Versos"
En España: Radio Cita Con Luna I, Radio Cita con LunaII

DE MÍ.NO TE ENAMORES

No te enamores de mí
porque no soy lo que fui
ni lo que he querido...

Tan sólo soy...

Un amor que se quedó guardado
un amor que se quedó dormido,
un amor que se quedó en silencio,
un amor que se llevó el olvido....

Un amor que se quedó en sus brazos,
en su almohada, en sus latidos,
en las rosas sin tarjeta
y aquella copa de vino...

No te enamores de mí
que tengo el pecho vacío,
que no hay amor para mí,
no correspondo ni brindo.

No, no te enamores de mí,
que el amor es una falacia,
una fantasía y quimera...
Puedes buscar quien te ame,
puedes hallar quien te quiera.

Pero... no te enamores de mí,
vivo en recuerdos y olvidos,

donde murió la esperanza,
y ya no hay sueños conmigo.

UN PUÑADO DE SUEÑOS.

Hay cosas que sólo quedan
entre mi almohada y yo,
Hay otras que con miradas
sólo le digo a mi espejo...
Hay secretos tan míos
que ni siquiera me cuento...

Y es que tengo conmigo
una relación tan perfecta
que siempre me acompaño,
que no sé quien me da la espalda
o si algo malo comentan...

Y es que ha sido largo el camino,
y es que al fin he comprendido
que con un puñado de sueños
que yo guarde en mi bolsillo
se va extendiendo mi sonrisa
y soy feliz conmigo mismo...

RECUERDOS
De Ti....

Como la brisa que acaricia
en la nostalgia...
mis lágrimas saladas
mojan tus recuerdos,
recuerdos de un amor
que se pierden entre
lentos y débiles latidos,
como triste melodía
de un menguado corazón.

**Y SI QUISIERA
PODRÍA...**

Pudiera ser tan perverso
como no lo imaginaras
Podría ser tan hiriente,
tan irónico y sarcástico
podría ser corrosivo
y lastimarte con palabras,
podría matarte si quisiera
destruirte sin espada...
dejar desangrando tu pecho,
que sientas que no vales nada.

Podría seguir con tu juego
y herirnos hasta matarnos
podría realizar conjuros,
maldecirte o hechizarte...
lanzar los peores insultos,
podría hacer todo eso
y las peores cosas desearte,
pero me estaría engañando
pues no he dejado de amarte.

**EDUARDO ANTONIO
BELLO MARTINEZ**
CUBA

BIOGRAFÍA

Nombre: Eduardo Antonio Bello Martínez
nac: 17 de enero de 1963
país: Cuba
Residencia actual: USA desde 29 de septiembre de 2007.

Nací en Ciudad de la Habana, Cuba, en 1963. Mi primera atracción por el arte llegó desde la pintura, aunque de pequeño escribí algunos cuentos, así como décimas y algún que otro poema. La literatura siempre ha tenido mucha importancia en mi vida en sentido general, y en particular la poesía; aunque nunca intenté, fuera de la pintura que estudié y ejercí unos años, un camino serio dentro del arte.

Estudié Licenciatura en Matemáticas en la Universidad de la Habana, además de Historia del Arte y Economía, y durante varios años, ejercí como profesor universitario en Cuba, especializado en varias disciplinas de la Matemática aplicada a la economía y la Economía en sí misma, participando en eventos científicos nacionales e internacionales.

Desde septiembre de 2007 resido en USA, donde en la actualidad me desempeño como Gerente Contable Administrativo en una pequeña compañía, y como profesor de Matemáticas y Economía.

Desde hace dos años, estoy escribiendo poesía con mayor asiduidad e interés, poemas que publico en Facebook. Unos seis poemas míos aparecieron hace más o menos un año en dos revistas electrónicas, Repoelas (España) y Calle B (Cuba), y me han solicitado permiso para leer poemas míos en algunas emisoras también digitales de lo cual no guardo record.

NO ERES LO QUE DUELE

Nunca eres lo que duele,
eres lo que sana,
eres lo que alumbra y deja vida
en esos pasos que das,
midiéndome la piel con la lengua de tus dedos.

Tu boca se abre en dos canciones
para bordar de risa los amaneceres,
y te apareces oculta dentro de un beso,
con un libro de océanos en las manos,
invitándome a cabalgar sobre tu vientre
que se levanta bajo mi garganta,
como la marea cuando la luna llama.

Eres un caracol que se convierte en brisa,
que me tiñe las manos de azules profundos,
de rojos y amarillos robados al sol de la tarde;
sobre mi te posas, como esa nube blanca
que guarda en su corazón relámpagos y truenos.

Y cuando te me llueves,
inundas con tu olor a sal y margaritas
todo mi territorio, con tus bonanzas dulces,
trayéndome y llevándome en el brillo
acústico de tus ojos cerrados.

Yo me abandono dentro de tu música,
queriendo ser tu abrazo prisionero,
queriendo perpetuarme a tu abandono,
 y convertirme en esa sed profunda
que puebla nuestra cama de conquistas.

A TUS PASOS VENGO

A tus pasos vengo, desde el día,
de mi estatura desciendo para
entre tus tempranos ojos apoyarme,
como un grano perdido de sol,
o como una canción sin letra,
curado y blanco camino a ti.

Voy a tu luz de bronces limpios,
como el sonido de una campana;
en una voz profunda navego
entre tus senos y tus muslos,
amarrándome a tu cintura redonda
y al capitel alto de tu pelo nocturno.

Tus manos de selva centroamericana
son una cuna aromática de especias,
donde se mecen tiempos y aguaceros,
y en la tarde se refugian las horas,
se anudan los caminos, y nace la luna.

Te pareces tanto a una ola de palomas;
tu mi semilla, mi germinación, mi esfuerzo,
sabes a la primera sombra liberada,
cuando te abres como la vía láctea,
y te desplomas como un planeta nuevo
sobre la soledad blanda de mi pecho.

¡¡LINDA!!

¡Linda!, llegas tan dulce, tan suave,
vienes como los segundos, que no suenan,
pero marcan con su marcha el día,
y llenas de pronto mi reloj de flores.

Me bebo de un sorbo la espera;
la inhóspita ansiedad desaparece
en las curvas labiales de tu sonrisa,
que se esparce como olor a hierbabuena.

Se abre dentro de mi pecho
el paraguas de tu voz,
con su sombra de sonidos blandos
encendiendo abrazos y ciclones.

Veo tus ojos relampaguear de besos,
siento el olor a nubes de tu pelo,
respiro la temperatura de tu piel
y me pierdo circulando en tu cintura.

¡Linda!, se me incrustan en la garganta
el sabor de tantos besos,
tus nubes, tus calles, tus uvas, tus montañas,
la canción sobre la luna que siempre me regalas.

Observa mi mar contento todo tu cielo de plata,
con enamorado acento de esperanza,
vistiendo las emociones
mientras desnuda las almas.

ACÁ ESTOY

Acá estoy, eterno y desmedido,
sincero seguidor del sendero que inauguras
cada día al abrir los ojos,
y enciendes de una mirada el sol bajo mis pies;
es entonces y desde ahí que el día se despliega
como una bandera,
y se abren las voces de los pájaros,
y se despiertan las flores,
y el rocío se regresa evaporado a la panza de las nubes
para dormir su sueño de lluvia.

Sincronizo mi pensamiento a tus latidos,
a tu risa fresca que embellece los parques
despejando la telaraña de la madrugada,
aprestándome para desayunarme desde un beso,
el olor de tu pelo y tus manos,
el sonido de tu cintura,
la calidez acanelada de tu piel,
el milagro tímbrico que brota desde tu garganta
y recorre de norte a sur todo mi mapa.

Si, acá te espero para encaminar el día
y darle presencia de caricia,
pues sólo cuando tú me acomodas las canciones en el alma,
es que renace lo que debe ser la vida.

SILVIA ROSANNA BOSSI
ARGENTINA

BIOGRAFÍA

Nací un 7 de noviembre en Carmen de Patagones (Pcia. Bs. As.). Hija mayor de tres hermanos, mis padres docentes de gran vocación y entrega. Al compartir desde chiquita en la familia esta hermosa profesión, al ver la dedicación y profesionalismo con el que ellos ejercían su docencia, mis pasos futuros fueron prepararme en esta linda carrera, que es la de poder transmitir conocimientos y deleitarme con los progresos que día a día los alumnos regalan.

Soy Profesora para la Enseñanza Primaria y Profesora de Danzas Folklóricas Argentinas. Mi amiga poeta Gladys Landaburo me invitó en su oportunidad para participar de tres antologías iniciadas por ella. También me invitó a formar parte del grupo Susurros del Alma. Mis escritos surgen desde entonces, como estados de ánimo, como forma de expresar en muchas ocasiones situaciones de la vida de personas cercanas o de la vida misma.

Una manera de transmitir a través de los versos sentimientos y que con agrado suelo hacer.

Participé junto a autores de Hispanoamérica, en la Antología Poética Alma y Corazón en Letras: Con derecho a réplica, bajo el sello editorial: Del Alma Editores. Junto con autores de Argentina, en la Antología Poética En el Sendero de las Letras (Editorial Del Alma Editores), en la Antología Poética El Eco de las Musas Sólo Poesía: (Editorial Del Alma Editores) y ahora con gusto acepté nuevamente la invitación de la poeta Gladys para participar en esta nueva antología.

NOSTALGIA

Y vi hojas caer... y nostalgia se instaló en mí.
Otoño, estás anunciando tu presencia.
Colores dorados que pronto inundarán el paisaje.
Colores dorados que sensaciones especiales despiertan en mí.

Y vi hojas caer...y nostalgia se instaló en mí.
Otoños especiales vividos, otoños especiales que no volverán.
Como esas hojas que hoy vi caer, así sensaciones sentí.
Momentos de la vida, momentos que no regresarán.

Pero como esas luminosas hojas que hoy vi caer,
que ya prendidas al árbol no estarán...
pero como esos momentos especiales que ya fueron,
hojas y sentimientos alimentan naturaleza y alma por siempre.

Y vi hojas caer...y nostalgia se instaló en mí.
Pero al mismo tiempo nostalgia se transforma en ilusión,
hojas caídas, momentos de la vida pasados
alimentando y dando fuerza en cada sentir de la vida.

MÚSICA

Con sus sonidos y silencios...
música que recorre los sentidos.
Con su melodía especial...
música que te atrapa y me envuelve.
Con esa magia que nos transporta,
música que ilumina los días.
Música que acompaña,
atrapa y envuelve,
música que transporta e ilumina
cada momento de la vida.
Música que es tan tuya como mía.

GOTITAS DE LLUVIA

Sonido especial,
regalo del cielo.
Gotitas de lluvia
en donde el silencio de la noche
se transforma en suave
y dulce melodía de amor.

Cada gota acaricia
con frescura y ternura.
Sinfonía natural
en donde la naturaleza
agradecida, despierta
y nos regala su magia.

Sonido especial,
regalo del cielo.
Gotitas de lluvia
que adornan esta noche
sin estrellas ni luna,
con magia musical.

BAILANDO

Con los primeros sonidos,
la magia se inicia.
Bailando al ritmo total,
tu mente y alma
inician ese camino especial.
Ahí donde todo es alegría,
donde todo es expresión
y en donde soñar con los pies
se hace realidad en cada paso.
Con los primeros sonidos,
la magia se instala.
Y somos pájaros,
y somos viento y luces.
Porque tu cuerpo se transporta,
se comunica con cada expresión.
Y volar no cuesta nada,
y ese sentimiento interior
también lo expresa tu mirada.
Con los primeros sonidos,
la magia ya es tuya.
Bailando al ritmo de la música,
nuestro cuerpo y alma,
enlazados en cada acorde,
expresan un sentimiento total.
Es así que alegría y nostalgia
unidas están en la magia musical.

ALEXANDRA BRITO
ECUADOR

BIOGRAFÍA

Soy Alexandra Brito, ecuatoriana, nacida en la ciudad de Latacunga el 23 de mayo, Ingeniera Comercial de profesión, mas la poesía siempre hizo cauce entre mis venas

- En el 2.013 publiqué mi primer libro BAJO LA PIEL DE LA PASIÓN-Editorial SELLER-España

- Antología de escritoras contemporáneas de Cotopaxi, DESDE EL CORAZÓN

- Antología LA MIRADA DE LA AFRODITA-Argentina

La palabra es botón que celosamente se la cose en una prosa, es hebra primorosa que acaricia el hilván de un dulce verso, es fruta madura robada de su rama, para evocar un cálido momento. Escribir es otorgar a las vivencias la licencia de estar vivas nuevamente, escapando del joyel de la memoria, para invocar aquel momento que duró solamente un segundo y sin embargo quedó grabado en la arena del por siempre, es presente y también futuro. Es evocar una mirada que hoy se transforma en metáfora, escribir algunas veces expresa aquello que solamente podría hacerlo el lenguaje silente de una lágrima.

MARÍA, MARÍA...

La encontré esta tarde, con paso sereno caminaba sobre alguna acera de la gran ciudad.
Se ha vuelto invisible, cetrina su dermis, acallada risa, los ojos llovidos presagio de penas, extraviado el brillo, dormido el rubor.
 Aquel que un día prometiera cielos solo trajo espanto, desdichadas noches, punzantes silencios, estigmas de hiel.
Alma confusa, no acierta a entender el averno amargo que su afán marcó, cautiva del miedo, no encuentra salidas, caverna sin fin...
María, María... pernoctan sumisos ecos de tu gracia, agoniza el fuego que abrigaba anhelos, pupilas ausentes de azules mañanas,
manos lánguidas y frías que abrazan volutas de éter, amorfos fantasmas...
María, María ¡Cuánta soledad!

DESDE MI MUELLE

Y vi como tu barca se alejaba aquella tarde, el crepúsculo reflejado en la arraigada decisión de tus pupilas, los vientos del oeste enfriando mi naciente añoranza.

La vida es un vaivén impredecible, así como también lo es el capricho de las olas, un día arribaste cargado de anhelos, ecos de caracol, amaneceres azulados, estrellas de mar para mis sueños y un adorno de coral para mi pelo.

Y fuimos dos extraños habitantes del océano, perdidos entre la música salobre de sus aguas, uniendo los fragmentos de un naufragio, dos peces platinados danzando sobre las espumas nacaradas de la noche.

Es hoy que mientras el agua desde el cielo cae sobre el desorden inusitado del oleaje... has vuelto a renacer en mi recuerdo.

LO QUE NO TE DIJE

Ese tiempo que fue nuestro, es rosa siempreviva, es luna estacionada en mi pupila, amapola que me abstrae en las frías madrugadas.

No te dije por ejemplo que tus labios escribieron trazos brujos e indelebles en el deambular cotidiano de mi sombra, en el silencio... cómplice misterioso que te trae. No te dije el efecto contundente que tu piel bronceada ejercía en la celeridad de la savia por mis venas.

 Que cuando la memoria evoca ese... nuestro tiempo, surge por doquier un río de agua dulce, sonidos de sol, crepúsculos ardientes, ecos de caracol y un suspiro enredado en la hiedra de mi pecho.

Tal vez fuimos... tal vez somos, los personajes de un diario inconcluso, o los tripulantes osados de una embarcación sin rumbo fijo, o los pasajeros efímeros de un tren que nos conduce hacia la estación nebulosa del olvido.

Y qué más da... quizás el final ya lo escribimos.

¿SIN POESÍA?

Sería enjaular los sentimientos
guardarse las certezas
congelar la miel de los instantes
expropiar el caudal de la metáfora
mutilar el axioma de la mente.

Sería prescindir
del brandy
del fuego
del árbol
del océano
de la flor
del amor
de la inocencia.

Un mundo sin ideas
un alma sin defensa.
Sería un orbe
completamente vano
 completamente ajeno
 sin versos a la luna
sin trovas al ensueño.
Mejor no imaginarlo...

MARÍA BONIFACINO
URUGUAY-ARGENTINA

Uruguaya, Poetisa , Escritora, Pintora, Modelo, Empresaria, Fotógrafa de modas, Conductora TV

BLOGS

http://www.mariaraquelbonifacino.wordpress.com
http://www.mariaraquelbonifacino.com
http://www.mariaraquelbonifacinopinturas.wordpress.com
http://www.mariaraquelbonifacinophotos.com
https://twitter.com/mariaraquelboni
https://www.facebook.com/MARIARAQUELBONIFACINO.AUTOR

LIBROS

"Amor Amor Amor" 2008,
*Amor Amor Amor 2, nunca muere 2013,
* Amar Asi 2013,
*Asesinas mi amor con plumas de ángeles 2014,
*Juraré ante tus sábanas 2014,
*Se apaga la luz se prende la historia 2014,
*Del jardín a la cama 2015.
*Mukul, más allá del secreto 2015
*Cosas de piel 2016
*Adónde vas diciendo lunas? 2016

Vivió en Montevideo, Uruguay, Paris, Francia. New York, EEUU,Buenos Aires , Argentina

PREMIOS LITERARIOS

Certámen Nacional de Poesía 1982, Poema "No sé si lo sabrás"
*Poema "Pido la Palabra" 1989, *Poema "Mi hijo" 1989 Trece Artistas
*Poema V 1993, *PREMIO Delmira Agustina 1988,* Blixen 1988,*Torres de los Panoramas 2000, *J H y Reissing 1999,

ARRÁNCAME LA NOCHE

Arráncame la noche
desnúdame los días
deja que la saliva
delinee nuestras vidas
permíteme inclinar
 este horizonte
sobre tu piel bronceada
de una tarde de enero
dejemos al pudor
sin sobrenombres
y entremos al amor
como viajeros.

CON FRECUENCIAS DE MAR

con frecuencias de mar
lejos de orillas
violando los acuerdos
del origen
desesperanza cruel
de lo pactado
un carnaval de pocas serpentinas
y murgas recostadas sin trabajo
muestran que está de más
el dicho callejero
y el negro de las noches
se derrumba
con un cortejo vano
sin preguntas
de personajes caricaturados
abriéndonos en par
se asoman diurnas dudas
y las interrogantes abrumadas
superan las respuestas
por millones.

FINAL DE FINALES

Separemos las partes
y acordemos
recordemos cerrar
y girar llaves
Abril se nos quedó
entre cerrojos
Marzo faltó a la cita
por ausencia de bienes
el calendario quedó
para la risa
nadie justificó sellos ni pautas
ni alquileres, los pájaros perdidos
reflejaban secretos sentimientos,
anteayer vino pronto
sin ausencias de llantos.
Y se pasó el mañana
al principio de juicios
sin verlo tan siquiera
duró menos que horas,
los sueños no vinieron
quedaron en domingos
como antojos de siestas.
Separemos las partes
y acordemos
no prestar juramentos
sobre biblias no santas
bajo apócrifos rezos.

ME VOY

Me voy
es cierto
pero aún
no me he ido
Es cierto que me quedo
después de haber partido
Es cierto que me falta
cerrar el equipaje
dejarlo en compromiso
y pagar el peaje
prender fuego
al pasado
incinerar las sombras
y anular un pasaje.

Es cierto que me he ido
y acaso no me vuelva

vacié todo de todo
llené todo de nada
compaginé el futuro
a inciertas de la tarde
segura de mí misma
para no asegurarme
Me voy es cierto
pero aún no me he ido.

**JEANNETTE
CABRERA MOLINELLI**
PUERTO RICO

BIOGRAFÍA

Jeannette Cabrera Molinelli nació en San Juan, Puerto Rico.

Publicó dos libros de cuentos: El robo del mar y otros cuentos (Palabra Pórtico Editores, 2014), y Segundos cardinales (Indeleble Editores, Guatemala, 2015), este último fue presentado en la Feria Internacional del Libro de PR. También publicó dos libros de poesías: Poesía que no olvido (Editorial Zayas, 2016); y Flor de Fuego (Editorial Cigarra 2016).

Sus cuentos han sido publicados en varios libros antológicos: *Fantasía Circense* (San Juan, 2011); *Maraña, Antología de Cuentos de Tejedoras de Palabras* (Editorial Argueso y Garzón, Colombia, 2012); *Sueños y Secretos –Antología de Autores Hispanoamericanos* (Eco Editorial Argentina, Argentina, 2014); *Antología de Cuentos Sueños del Cajón* (Del Alma Editores Puerto Rico, 2014); *Mundillo, Antología de cuentos de Tejedoras de Cuentos de Puerto Rico y Argentina* (Eco Editorial Argentina, 2015); La ruta del cuento (Editorial EDP University, 2015) y Luces de la memoria (Eco Editorial Argentina, 2016).

Su poesía ha sido publicada en: *Antología de micrófono abierto en Casa Emilio* (San Juan, 2014), en *Sueños y Secretos – Antología de Autores Hispanoamericanos* (Eco Editorial Argentina, Argentina, 2014); en *Divertimento 1- Antología Poética* (Editorial Zayas, 2015), libro para el cual fue compiladora como lo fue para *Divertimento II*; y *El eco de las musas* (Eco Editorial Argentina, Argentina, 2016).

Sus textos han sido publicados en varias revistas literarias: Boreales (San Juan, 2011), CRUCES (Universidad Metropolitana, San Juan, 2012), Hojas Sueltas (Universidad de PR, San Juan, 2013), y Monolito (México, 2014).

Fundó y preside el grupo literario Tejedoras de Cuentos, que organiza y promueve las Noches de Cuentos en espacios literarios en la isla. Maneja y coordina el proyecto La Ruta del Cuento, este último, un esfuerzo colectivo de cuentistas para llevar la literatura a los diferentes pueblos del país. Fundó Artistas de la Palabra, que se dedica a divulgar la poesía por toda la isla. Fue coanimadora en un programa de radio sobre literatura. Participó activamente en el XII Encuentro Internacional de Escritoras (Miami, 2016). Es Socia de la Sociedad Liberoamericana de Escritores (2016).

Correo-e: jeannettecabrera31@gmail.com

TRASCENDENCIA

Vivimos como si fuéramos piedra
irrompibles,
inmutables
olvidamos que en un instante
nos convertimos en polvo
el viento nos lleva
al mundo de lo invisible
etéreo
y desaparecemos.

Todo este caminar
toda esta prisa por vivir
si al final llegamos
a una caja oscura
sin centro ni esquinas
sin nada ni nadie.
Es un circulo redondo
un comienzo y un terminar
en el mismo punto de partida.
Es decisión irrefutable
irreversible
destino inalterable del hombre.
Quedan preguntas sin respuestas
sobre el futuro invisible:
¿Qué dirán de mí cuando muera?
¿Quién leerá mis poemas frente a mi tumba?
¿O llevará flores o prenderá algunas velas?
¿Quién buscará la foto donde aparezco
abrazada a ella, sonreída?
¿Quién recordará mis sueños locos,
mis problemas, las noches de poesía?
¿Qué pensarán de mí cuando duerma sola
en el lugar más oscuro del sepulcro?
¿Quién llorará recordándome?

No habrá tiempo para expresiones

de amor o de disculpa
lo que se olvidó se quedó para un nunca
lo que no se hizo se quedó en el sueño.
Solo mis letras perduran
en un papel
que con el tiempo se torna jade amarillo
en un libro polvoriento.

TRISTE APOSTASÍA

Adiós, dices a tu tierra
canto de nostalgia y sufrimiento.
Dejas sus paredes centenarias
llenas de inestabilidad
asambleas falsas
y las arcas vacías.

Abandonas tu tierra
aplastada por el poder estrellado
ese que cierra líneas
y abre fosas para sepultarnos.
Bárbaro farfullero
infeliz batanero de historias oscuras
ave rapaz,
buitre cenizo de cuello pelado
causante de tantas carroñas humanas
vil estratega despiadado
que humilla el alma de tus compueblanos.

Te liberas del azote
colateralmente recibido.
Te refugias en un país lejano
con el corazón destrozado.
¡Busca tus agrados con optimismo!
¡Que encuentres un nuevo santuario!

CADA DÍA QUE PASA

Cada día que pasa
me voy más lejos
como volantín perdido.
He partido los hilos
que me ataban al circo
de los pobres de espíritu.
El odio y el desprecio
se han regado en el viento
oxígeno intoxicado
que respiramos los imperfectos
plácidos seres humanos.
Siento hastío por lo que veo y escucho,
comentarios irreverentes
bombardeados de glaciales indirectas
desafectas, indolentes,
maniobradas por robots
asqueados de haber sido hombres decentes.
Vuelo ahora lejos, desligada,
sorda, ciega, muda y descalabrada
evito lesiones innecesarias
contusiones dolorosas
irreparables fracturas
inoportunas confusiones.
Quisiera regresar cuando el mundo
vuelva a tener orden
cuando los amigos sean leales
tan fieles como un perro,
cuando el hombre no tema a abrir su alma
por el espanto de ser damnificado,
o ser clasificado como privilegiado
ni tener que ser el favorito o aventajado
ni aceptar ser violado con la fantasía
de querer ser por todos aceptado.
Quisiera regresar cuando el amor nos sacuda,
y como rayos, nos estremezca
cuando lluevan sobre el mundo luces del paz

y seamos distintos.
Ojalá nos volvamos a ver
mañana.

VIVIR DE NUEVO

Si yo pudiera vivir de nuevo
me haría un vestido de margaritas
una corona de lirios y gardenias
caminaría descalza por la orilla del mar.
Visitaría tierras lejanas
haría el Camino de Santiago
buscaría la tumba de Alejandro el Magno
me inventaría algo para volar.
Viviría encerrada en el campo,
lejos de la tecnología
los expresos, la prensa amarilla,.
haría un huerto en mi patio.
Dedicaría menos tiempo al trabajo
más a la poesía o a lo narrado.
leería mil libros de antaño.
haría un nuevo abecedario.
Eliminaría del vocabulario
la palabra "traición", " mentira",
" orgullo" , y " desengaño"
Pondría todas en mayúsculas
las palabras "AUTENTICIDAD"
"EMPATÍA" y 'VOLUNTAD".
Creería menos en los contratos,
formalidades, cumplimientos,
en la transparencia de los aliados.
Tendría más amigos gitanos.

ANA CEVALLOS CARRIÓN – CISNE
ECUADOR

BIOGRAFÍA

Nací en la castellana ciudad de Loja ubicada al Sur del Ecuador a mediados de los sesenta, mis padres me nombraron como a mi bisabuela paterna y como a la virgen morena: Ana Guadalupe, sin embargo con el pasar de los años adopté el seudónimo poético de "Cisne" que tiene un doble significado: por una parte hace referencia a la espiritualidad de mi pueblo devoto de la Virgen del Cisne y por otra parte representa a la pureza del amor.

Amé la poesía antes de aprender a escribir, recitando las obras de José Ángel Buesa, Medardo Ángel Silva y Dolores Veíntimilla de Galindo, enseñadas por mi hermana.

Escribir es mi forma de expresarme, en las alas de un papel entintado, me siento libre. Soy un aprendiz de la poesía; ella es parte de mi esencia.

Amo la naturaleza, de mi preferencia son los colibríes y bichauches, las rosas azules que representan lo imposible tornándose posible y las rosas blancas, que me recuerdan a mi madre que ya partió hace años.

Tengo publicadas las obras: "Cartas al Cielo", "Plumas de Seda" "21 poemas" y "Huellas en el viento" y he tenido la grata oportunidad de participar en las siguientes obras compartidas: "Lazos de sol y cordillera", "Tardes del estío", "Antología del Encuentro de Artes y Letras 2011", y "Poetas y poemas contra la violencia a la Mujer".

NECESITO OLVIDARTE

La variación de la brisa
rememora antologías
y en la burbuja del silencio
ya no hay abecedarios
colgando de los versos.

La floración exudó
sus últimos aromas
estirando los segundos
empapados de esperanzas.

Y aún te llevo imantado
al dorso de mi pecho
bajo los dedos de la luna
en los musgos que ascendieron
por la salinidad del páramo.

La noche enfermó de nostalgia
en su vértice las telarañas
entonan distancias…
La caligrafía de tu nombre
ovilla sequedad a mi garganta…

Dejaré que expiren las olas
hasta agotar estos mares,
necesito,
que los retoños del tiempo
me ayuden a orillarte del alma.

MISERIA

Te encontré en la cresta del olvido
respirando el aire de la tarde
impregnado el mar en tus ojos
pecabas de dolor y martirio…

Masticas sombras
con las dendritas desveladas
que no alcanzan esperanza…
Te acuestas
cubres
arrinconas
bajo el cartón y el papel;
letras que no abrigan la piel…

Las cuencas de tus días cotidianos
pululan podredumbre en las horas
en pocilgas y basureros
mitigas el hambre desdentada…

Fingen que no existes
como si el velo de Dios
al tornarse raído y sucio
fuese invisible a los hombres…
Como si la vergüenza
de tu silueta
desapareciera en un tour de shopping…
Como si tu boca lánguida
fuese secuestrada
por la afonía de la palabra
y tu voz no repicara
en ninguna campana…
Pero tú persistes en las calles
con tu caminar fatigoso
tu corva hacia el cielo
tus ojos hacia el suelo…
Sigues siendo el pez propicio

hasta que una red oratoria
te atrape y con tus sueños
enarbole banderas
de esperanza y justicia
con alas cortas…

Nadie escucha tu gemido
en los alveolos del corazón
la multitud tiene un lecho seco
por tu mísera condición
¡Ese es tu pecado mayor!

ALFORJAS DEL OLVIDO

Hice una catedral con el tamiz de tu greda
y armonicé en la rosa de los vientos tu nombre
liberé mis esencias de pájaro
para libar tu sal en mi vientre

aspiré el aroma de los cafetales
en las tardes matizadas de tu imagen
y en tus ojos salpicados de castaños
ramifiqué el árbol de los sueños
para que no quedaran espacios
y el tiempo no reclamara mis pasos

después de tantas lluvias
las corolas de tu boca me devolvieron
en contraluz mis deseos
y como un niño dormí en tus brazos
creí en ti
creí

mas, en el ocaso te descubrí
con tus alas de barro
tus olas de madera
tu brisa pasajera
tu risa de fuego negro
hiriendo mi corazón analfabeto

ahora que las aristas de tus silencios
crucifican mis sonidos
pisotean mis versos
sólo me queda
romper estos molinos de viento
irisar de sombras tus cornisas
oscilar entre el abismo y los silencios
desechando las migajas de mi mesa

mi amor descalzo se viste compasivo

del jardín deshojé pétalos y espinas
tengo ríos en el envés de las pupilas
muertas las ganas del musgo en la piedra
y en mi espalda cargo
las alforjas del olvido.

QUÉ GANAS DE AIREAR…

A las mujeres víctimas de la violencia

Qué ganas de airear las calles por donde transitamos;
tú con un diccionario de tijeras y cuchillos,
con los puños ágiles en desangrar mis ojos,
con las palmas silenciando mis sonidos,
y yo con la sumisión rugiendo en las entrañas,
con el miedo circulando en las arterias,
incapaz de mirar más allá de esa pompa
donde sin tregua flagelaste el amor.

¿Cuántos golpes descargaste en mí?
¿Cuánta cizaña plantaste en mi alma?
Lentamente amortajaste la esperanza
me orillaste al limbo de los sueños,
y sin que mi voz pudiera herir al viento
anhelé la muerte.

Qué ganas de oxigenar esta amargura
para no enloquecer con la hiel que me socava,
para alcanzar la sanidad del árbol
que crece traspasado por los clavos,
para sentirme libre de la culpa
al permitir que me hicieras tanto daño.

Qué ganas de levantar la cruz que me aprisiona,
romper el mapa que me condujo hasta tu vida,
recoger todas las plumas esparcidas,
levantarme cual ángel de enormes alas
y perderme en el firmamento de la noche.

IDANIA DEL CORRAL FUMERO
CUBA

BIOGRAFÍA

Nombre y Apellidos : Idania Del Corral Fumero
Nació : 2 de Enero de 1957, en La Habana , Cuba.

Desde joven inclina sus pasos a la expresión escrita, participa en talleres literarios,
y diversos concursos en instituciones culturales en su ciudad natal. Recibiendo varios galardones por sus trabajos literarios.
En el año 2012 arriba a Estados Unidos, donde en los últimos 4 años ha desarrollado su inspiración poética en la red social Facebook.
Su caminar en el mundo de la poesía abarca diversos temas, pero sus estilo preferido y auténtico es el estilo erótico.
En el año 2015 publica su libro de titulo *Sentires de suaves caricias*
en la Editorial Entre Líneas en la Ciudad de Miami Beach.

Ha recibido a través de facebook y otros sitios virtuales donde participa reconocimientos a sus obras literarias por la creatividad y dinámica de sus versos.

Ejemplo de algunos reconocimientos recibidos en grupos poéticos.

Grupo poético . Todos somos poesía.

3er lugar -Primer Campeonato Hispanoamericano de poesía escrita año 2015
1er lugar -Premio Excelencia en las letras. año 2016
1er lugar- Segundo Campeonato Hispanoamericano de poesía escrita año 2016.

Grupo poético .Navegando un mar de letras
1er Lugar. Primer concurso internacional de retos literario.

En su acontecer diario participa en los diversos grupos poéticos,
recibiendo reconocimientos que destacan sus obras literarias.

Desde el año 2015 comenzó su incursión en la temática de la locución , desarrollando una labor altruista declamando las poesías de los poetas que publican en los grupos poéticos creados con este fin de difundir sus letras a través de la radio por Internet.

Agosto- Diciembre - 2015. Locutora y declamadora en Radio Isla Paraíso.

Marzo - Actualidad - 2016. Locutora y declamadora en RadioSatelitevision y Américavisión
.

QUE REINE NUESTRO AMOR

Es mi perenne mi anhelo,
que nuestro amor sea mutuo eterno,
que mis sueños sean tus sueños,
que mis fantasías
te enamoren es mi esperanza,
con el delirio de mi amor inmenso,
que por siempre la ilusión te invada,
…
Mi alma siente suave tu alma,
al estar en tus brazos,
mis besos sienten tus besos,
tu corazón siente mis fantasías,
mi corazón lo enamora,
mi alma lo adora,
lo fascina y lo excita.
 …
Mi cuerpo siente
de tus manos las caricias,
dejas tu huella en mi piel,
eres lo que siempre quise,
eres lo que yo siempre desee,
eres como siempre te soñé.
…
Estando contigo mi corazón;
te excita con mis travesuras,
te enamora con mis anhelos,
te emociona con mi ternura,
te provoca con mis deseos.
 …
Tu vida y la mía,
llenas de besos y caricias,
de ardor y gemidos,
de pasión y suspiros,
tu camino y el mío,
colmados por siempre
de esperanzas y anhelos,

de fantasías y sueños,
de ilusión y delirio.
...
Por siempre,
que mi alma ame a tu alma,
por siempre,
que tus besos amen a mis besos,
por siempre,
que tu corazón ame a mi corazón.
por siempre,
que reine nuestro amor.

MUERE LA ÚLTIMA ROSA

Una mañana de primavera,
se vistió de jardinero por vez primera,
abrió la puerta y se fue a su faena.
...
Cavó en la tierra con calma,
en lo profundo de su entraña,
su cariño sembró,
su ternura depositó,
la hendidura con amor selló,
y con el rocío de la noche refrescó.
...
Amaneció varios días,
y la explanada suave regó la lluvia,
el jardinero su amada cuidaba,
mientras el tiempo lento pasaba,
cada día desde la ventana,
unos ojos tristes siempre miraban.
....
Llegó el día que nació la rosa,
increíblemente hermosa,
era una sola,
radiante como una doncella,
entre todas las flores; Era la más bella.
...
El hombre con afán cuidaba el jardín,
mientras un rostro
ajado por el dolor no dejaba de gemir,
mientras pájaros cantaban con bellos trinos,
mientras mariposas volaban de colores divinos.
...
Pasaba lento el tiempo,
igual su esposa iba muriendo,
pasaba lento el tiempo,
y el dolor seguía su cuerpo invadiendo.
...
Él sembró solo una rosa,

para animar el corazón de su esposa,
como ella fue un día;
Tan frágil, pero tan hermosa,
sus labios eran como sus pétalos;
Rojos como la sangre,
su esencia era como la flor;
Olorosa y muy fragante.
....
El hombre lloraba al verla sufrir,
un día el jardinero se fue al jardín,
y corto la rosa,
como prueba de amor para su esposa.
...
Entro despacio a la habitación,
tembloroso de emoción,
ella estaba junto a la ventana,
su mirada pérdida en la nada,
se arrodilló frente a ella,
en sus manos coloco la rosa bella,
beso su frente,
y le juro; Te amo hasta la muerte,
una brisa fría llenó el ambiente,
en el cielo un trueno crujió muy fuerte,
sus labios dibujaron una sonrisa,
su mano se paraliza.
...
Cae la rosa al suelo,
se deshoja durante el proceso,
la muerte llegó,
cerró los ojos de su amada preciosa
al cielo su flor se llevó,
y muere la última rosa.

PERFECTA CULMINACIÓN

...
Hacer el amor
frenesí y deseo,
me fascinan tus dedos,
tu boca jugosa,
tu hombría vigorosa.
...
Tu aliento
me hipnotiza,
te enloqueces
cuando
mi candor palpita,
te desorbitas,
mientras
tu pelvis beso,
mientras
tu desenfreno bebo,
...
Mi lengua juguetona,
mientras
tú sonríes
ama tu erótica zona,
delirios convergen,
tu deseo
come mi fruta,
con tu candil
bosquejas mi gruta.
mientras
la llama ardiente
de mi fuego
tu fuego prende.
...
Mis laderas
con tus manos auspicias,
locura nocturna,
fantasías y caricias,
luz de la luna,

el coronar alumbra.
...
Al unísono
las almas suspiran,
perdemos la mente,
fluidos transpiran,
el espasmo hace eco,
mutua exaltación,
tú besas mi frente,
yo beso tu pecho,
perfecta culminación.

NUESTRO AMOR PERFECTO

Que mis labios a tu oído te susurren mi ternura,
y mi voz te acaricie con dulzura,
yo seré siempre tu apasionado deseo,
haz realidad todos tus anhelos,
déjame que te haga perder los sentidos,
cuando amorosa y enamorada mi alma,
haga su nido,
en los pliegues de tu alma.
…
Que mi sentir enamore tu pensamiento,
seré siempre tu delicioso sentimiento,
serás siempre quien penetre mis sueños,
lograrás siempre
que mi alma te confiese mis deseos.
…
Serás siempre mi amante
y mi enamorado perverso,
seré siempre
quien con mis caricias te bese
y te abrace con mis anhelos,
quien te deleite al disfrute
de mis labios en tu cuerpo,
quien suave te arrope con mi fuego,
quien con la llama de mi hoguera
te queme despacio y muy lento,
no reniegues que mi amor en tu vida,
es tu delicia,
y es tu loco desenfreno.
…
Sabemos que tu pasión y mi deseo,
estallan como un fuego,
que al unirse logran en el cielo
la explosión de estrellas y luceros,
que despiertan ansias y anhelos,
será siempre este amor eterno,
al deleite supremo.

...
Sin importar el tiempo;
cada segundo cada minuto, cada instante,
seremos amantes,
así se acarician tu alma y mi alma,
tu corazón y mi corazón con pasión se aman,
sin excusa y sin pretexto,
será siempre. Nuestro amor perfecto.

ESTEBAN DICKSTEIN - ARGENTINA

Esteban Dickstein, poeta y fotógrafo artístico argentino. Casi dos décadas de carrera en pintura artística y la fotografía . Publicaciones en revistas:

Oído absoluto ,Rosario 2011
Apología magazine ,Rosario 2010/11

El ángel Azul , Victoria Entre Ríos 2004/2011

Participo en varios programas de radio

FM Uruguay "acompañame a estar solo"87,9 MHz
FM gran Rosario"un buen consejo"88.9

Participo:

Antologías poéticas "Puente de palabras" II ,III y VIII 1erCongreso de las Lenguas , 2004 Rosario

Rosario Maratónica poesia 2005 ,Rosario 2005 como escritor/poeta

Festival Literario"Juegos Florals 2"Inriville,cordoba 2006{red latinoamericana quipucamayocs)

Arte y Literatura del Mercosur como poeta, escritor, fotógrafo y
Arte 5to Congreso de 3er Festival Internacional
de poesia"Grito de mujer" día internacional de la mujer , Tel Aviv(Israel) 2013 como escritor y Fotógrafo artístico

Festival artístico "Israel con nuevos ojos" 2014 fotógrafo artístico

Festival de arte "casa del arte" Kfar Saba(Israel) 2015/2016 fotógrafo artístico

Festival de arte "Signos"Beit Rubinstein Tel aviv 2015/16 fotografia artística

CUANDO TUS MANOS

Cuando tus manos se apoderen de mi piel
Dejaré de soñar,de sentir dolor
Cuando esos dos cielos me contemplen solo a mí
comenzaré realmente a vivir
Comprenderé el maravilloso milagro, de pertenecer a tu cuerpo y a tu ser
En aquel día,la soledad del alma dejará de existir
Hermoso espectáculo será para el universo
en aquel día el norte y el sur serán uno,cielo y mar también
Las puertas del paraíso se abrirán para siempre
Solo la melodía se escuchará en el mundo entero
Será la melodáa de un solo corazón,de nuestro corazón
que jamás dejará de latir

PASIONES

Dos almitas andantes,con paso alocado
uno y otro con sus historias
ambos con profundo deseo de gozar
deseo de gozarrr ...hoo !!si ansiosos de gozar
el placer de nuestros cuerpos desnudos
entregados a una pasión deliramos y soñamos con éxtasis infinitos
honras mis deseos ,con sensuales movimientos
esta noche disfruto los paisajes embriagantes de tu figura
eres viento del norte que aviva el ardiente fuego que hay en mí

TU

Quizás me alejé de tu mirada
por el secreto temor
el íntimo espanto
de caer en el vacío de la nada
Me despertó tu romance de un sueño imposible
de un delirio irracional
En cada momento que mis ojos se cruzaban
con la infinita y magnífica constelación de tus ojos
se inundaba mi pecho, de dulce paz
podrías haber sido quizás
mi mundo perfecto
razón y única causa de existencia

ERES

Es tu cuerpo la sustancia , materia única , calor natural,de mis deseos más sublimes.
Tu voz arruya, tu mirada acaricia.
Tu marea guía mis sentidos , por los bordes sinuosos de tus encantos,esperando desembarcar en tu misterio.
Me abandono en silencio , confiando solo al albedrío de tus deseos,la armonía de los movimientos.
Jamás arrebates de mi piel , este encanto seductor enrredado a mi destino.

JORGE DE CÓRDOBA
MÉXICO

Nacido en Monterrey, Nuevo León y radicado mayormente en San Juan del Río, Querétaro.

Tomo de las calles y del mismo viento lo que posteriormente se ha de fragmentar en versos.

Fuente de inspiración: La Mujer como algo extraordinario…

El diario acontecer como algo ordinario.

Escribo desde los once años y temo que la vida no nos alcance para plasmar el verso preciso… pues la belleza que nos rodea es caprichosa y maleable. Crece a cada instante. Se transforma.

Los versadores no podemos ser meros espectadores de la vida… tenemos un doble papel: experimentarla (en llanto, gozo, sudor) y plasmarla.

Lo demás que se pueda decir, sobre la primera persona del singular, es algo que dejo a la interpretación.

Jorge de Córdoba

HASTA QUE NO PUEDAS RESISTIR

En tu piel, la pintura de mis besos.
en tus ojos, lo suave de mi flama.
Estamos por amores siendo presos
en un lecho que tiembla y nos reclama.

Me incitan tus pezones al convite
jugando con la fuerza del tornado.
Entiendo que por mucho que me excite
lo gentil se convierte en desatado.

El dulce que lubrica mis afanes
e invita a los placeres incendiarios
inspira los poemas y los planes
al declarar que somos cual plagiarios

que robamos del tiempo los instantes
más gloriosos que puedan existir.
Escribo con tus curvas fulminantes
hasta donde no puedas resistir.

SUMERGIRME EN TI

Después de consumirnos en pasión
caminamos un tanto a trompicones
y vamos por la copa de pisón
reservado a las ígneas ocasiones.

¡Cuán perfecto es beber de tu mirada
y recobrar las sales consumidas!
Es un sorbo en tu boca nacarada
recobrando las fuerzas ya vertidas.

La trama y partitura de tu piel
no tolera demoras por la sed.
Ya llega nuevamente nuestra miel
que quiere sumergirse con tu red.

TU CUERPO EN MI NIDO

Un café recargado de suspiros
después de combinar las tempestades...
Es como la marea, con sus giros,
mojando nuestra cama en tus bondades.

¿Se puede sucumbir en lo perfecto
de la entrega con toda la premura
vertida por tu piel en tu cintura
en cada movimiento y su trayecto?

¡Que me tilden de loco embravecido!
porque celan lo dulce de tu vida
y la improbable causa sin salida...
pero ahora; descansas en mi nido.

SAVIAS Y PELAMBRES

Te gustan las caricias prohibidas
comenzando en tus hombros y tu cuello.
Grabar la sutileza de mi sello
dejando las pasiones ya subidas.

La forma que respiras te delata
y mueves, provocando, tu cadera
Tu suspiro motiva a mi cantera
pues sabes provocar lo que me mata.

Aprietas tus contornos a mis hambres
buscando con tus manos la erección
que motive las sales a la acción
al unir nuestras savias y pelambres.

MARÍA ISABEL DE LA CRUZ
VENEZUELA

BIOGRAFÍA

María Isabel De la Cruz García, 46 años. Venezuela

Ingeniero en Informática de Profesión. Docente de vocación , Apasionada de la poesía por admiración
Desde hace 8 años transito los caminos de la poesía en todos sus géneros, admiro a Benedetti y amo a Buesa, reitero a Andrés Eloy Blanco y disfruto a Nazoa...
Mis primeros pasos fueron por causalidades de imágenes en una página de poesía, a partir de allí fue que me interese cada día más por aprender a interpretarla, entenderla, acercarme a ella desde el punto de vista de las sensaciones táctiles que producen las palabras y los silencios en ellas.
Es por ello que hoy me atrevo a presentar esta muestra de lo que ese acercamiento ha producido en mis pensamientos. Espero disfruten de ella tanto como yo he disfrutado en escribirla.

Gracias por todo lo que significa el leer...

AMOR, CUANDO ME PIENSES

Cuando me pienses,
no empañes el brillo de tus ojos,
yo estaré...
    en el borde de esa lágrima que quiere salir,
    en el reflejo del nácar que quiebra el eco del silencio,
    en el hilo que desteje un sueño,
    en esa canción de cuna que habita en tu mirada.

Cuando me pienses,
no extrañes el eco de mis latidos,
yo seguiré...
    en el hechizo que eterniza el suspiro que pronuncias.
    en cada recuerdo,
    en la orilla de tus dedos susurrándole a tu musa,
    en el quejido del tiempo, cuentagotas que nos baña.

Cuando me pienses,
no me arrincones...
    en el sonido de un beso, que por cerca puede más,
    en la esperanza vacía de un silbato en el andén,
    en la distancia sin nombre que arrebata mi horizonte.
Amor cuando me pienses,

no me olvides,
Yo...
    TE EXTRAÑO.

TU INOLVIDABLE SILENCIO

Tu silencio me cuenta de un hechizo de luna,
que se roba la calma de mi noche temprana
y en la dulce mañana que me deja su bruma
se atesora en mis sueños su recuerdo y mirada.

Tu silencio me ha dicho que te ha visto en la espuma,
en el mar que se duerme con la arena en la playa,
en el trozo de cielo que se olvida en el nunca,
en el cuarto menguante de la luna que baña.

Tu silencio me muestra del sonido la cuna
en que lágrima y risa con tu aliento descansan
en un roce de palmas que sin ansias, sin culpa,
enternece los labios de un amor que arrebata.

Tu silencio se marcha por veredas de agua,
remontando las horas que adormecen mañanas;
fue un espejo de luces, fue caricia desnuda,
el oasis de sueños que por siempre saciara.

Tu silencio se escapa con el viento a la luna,
la caricia de un beso se desteje en la cama

y luceros y estrellas se revisten de albura
y esta cúpula azul, dos siluetas embriaga.

CUANDO A SOLAS NOS QUEDAMOS

Cuando a solas nos quedamos
De todo puede pasar
Desde tan solo mirarnos
Hasta querernos besa.

Cuando a solas nos quedamos
Aparece la invención
vestida de risa fresca
Con colores de ilusión.

Cuando a solas nos quedamos
Las palabras no hacen falta,
Me susurras, te susurro,
Las miradas dan el alta.

Cuando a solas nos quedamos
Aparece la pasión
Y enlazados de las manos
Hacemos nuestra canción.

TORMENTA

Se quiebra el silencio
rasgando el recuerdo.

Se esparce la rabia
manando del pecho
No hay tregua ni calma
La noche se esconde
Susurros de guerra
se marcan a fuego

SE vuelcan los cielos
El agua resbala

El rey se agiganta
La reina se calla

Silencio de besos
Silencio de sueños

El trueno respira
Se cuela en el tiempo.

Un Dios se presenta
Y clama respuesta.

Las aguas se bajan
Respiran,
se muestran
Replican y piensan
Desdicen su fuerza.

De a poco se calma
La sed de tormenta.

LILI EMERSON
ARGENTINA

BIOGRAFÍA

Poeta, nacida en Córdoba el 21 de junio de 1969. Escribe desde el año 1998. Participó de la Antología 1999 de Línea Abierta Editores con sus poesías "Equilibrio", "Compañía" y "Vivir". En el año 2002 edita su libro de poesías "Complementarios" con el cual participa en la Feria del libro 2003 en el Centenario de la ciudad de Cipolletti, donde residió por muchos años. En 2004 su poema "Daños Colaterales" es seleccionado por concurso y publicado en la Antología Luces y Sombras del *Centro de Estudios Poéticos de Madrid – España*. En la actualidad reside con su familia en la ciudad de Cosquín – Córdoba.

DAÑOS COLATERALES

¿Daños colaterales?
Se llamaban Juan
o Pedro o Susana,
o como quiera que se llamaran.

¿Daños colaterales?
Tenían cinco
o veinticinco
o treinta y cinco…
… años
o meses
o días
o cuantos quiera que tuvieran.

¿Daños colaterales?
Eran hijos
o padres
o madres
o abuelas
o vecinos
o quienes quiera que fueran.

EMPACHO

Cuando mis gentes
se empacharon de hambre,
entonces mis calles
estallaron en cacerolas vacías.
El sol se incendió de ira
y de reclamos por comida.
La sangre se abrió en heridas
que ya nunca más cerraron.

VAGABUNDO

Vagabundo por los abismos de los sueños,
brújula y proyecto en mano
se dirige con rumbo fijo y destino incierto,
concretando el camino por tramos,
dejando atrás pozos en vano.

Solo de a ratos
y por momentos acompañado,
camina mister Utópico
hacia el fin del tiempo
y del ocaso.

Funda sus planes
en soportes filosofales,
con principios fundamentales,
y ética sin finales.

Construye puentes
que unen la justicia y el respeto,
con cemento o con concreto
para no hacerlos levadizos,
hundidizos o escurridizos.

POEMA DE UN BEBE A LA LUNA

Mis ojitos se quedaron colgados de ella;
y mi corazón,
así de joven y de pequeño
con su escaso mes y medio,
se quedó prendido,
como prendado,
de su luz de leche
que se derramaba cálida
sobre la llanura.

Al tiempo que su hermosura honda y blanca,
se me quedó pegada
en mis pequeñas manitas.

EYANORE
PUERTO RICO

BIOGRAFÍA

Escritora del área de Salinas, Puerto Rico. Se ha destacado en una Maestría en Estudios Hispánicos, en la Universidad Católica de Puerto Rico. Entre sus obras se perfila una originalidad fuertemente vinculada con el paradigma de la muerte, sus ramificaciones existenciales y el desprendimiento humano. Se destaca en la poesía bajo el seudónimo de Eyanore y, en otras ocasiones, acompañada de su madre se denominan como Las Azabache. Sus obras poéticas son *Vástagos, A Mar Abierto, Boutade, Soledades, A Love Shadow, Mundos Distantes y Meraki*. Además, se adentra en la narrativa mediante sus obras *Alma, Pergaminos, Paramnesia y Anómada*. Ha participado en obras como *Apócrifo: Antítesis del Eros, Universo XIII, Divertimento Poético 2 y Develos del Alma*.

ME PREGUNTAS SI HE SENTIDO AMOR

Lo he sentido
entre las caras despojadas
de aquellos días invierno,
entre los contornos de tu cuerpo,
entre las cicatrices de tu espejo.

Lo he sentido
y sufro por ello.

Porque cuando yo sentí amor,
tú no.

Yo me embriagué
me desinteresé de mi persona,
me colmé de tu necesidad,
me disloqué los hombros para alcanzarte,
me convertí en presa fácil,
me ensucié de tu perversidad,
y justo cuando mi ánima quería más,
tú te marchaste.

Entonces,
¿para qué las preguntas?
Si estaba claro lo que sentía,
si te necesitaba como el aire,
si te reconocí al partir,
si el corazón latía en pecho desbocado.

Entonces,
después de tantos años,
¿para qué colmar tu orgullo con un sí?

Yo,
no he sentido amor,
mucho menos por ti.

ALMA MUTANTE

Mi alma va atada a la cuerda que destellan tus ojos.
A mar abierto,
a las fronteras de mi refugio.
Pero existe algo en ti
que ahora tan siquiera puedo tolerar.
La electricidad crea desorden en mí.

Existiendo,
note que mi vida no vale.
Existiendo en ti,
note que el peligro es suficiente.
Existiendo en ti,
note que la soledad es compañera.

Existiendo en ti,
note que no merecía vivir.
Existiendo en ti,
me di cuenta que el amor era pretextos
y que nuestros cuerpos no son compatibles.

Existiendo en ti,
me percate que no necesito de nadie
para estar completa.
Existiendo en ti,
me di cuenta que Dios
es la esperanza del desafortunado.

Existiendo en ti,
me tomé la ironía libertaria
de correr a mis brazos
y atrapar cuanto pude de mis años.
Existiendo en ti,
note que el pasado fue el error.
Existiendo en ti,
mi única caricia era la muerte.

Existiendo en ti,
note que mi alivio era el sueño.
Existiendo en ti,
note que el amor no es una palabra.

Comprendí que amor es un sentimiento de dos en uno.
Comprendí que no tan solo yo puedo amar.

CONSIÉNTEME

En incalculables ocasiones
me remuerde la consciencia
me destruye por dentro
me aparta y me destierra
pero no comprendo
¿a qué se debe?

No soy persona mala,
mi molestia vive dentro,
es esa inquietante sospecha de saber que vivo, que espero, que me
consuelo con escuchar su voz, entendiendo que no será lo que
quisiera, pero al menos me conformaría saber que me busca, me
secuestra por unos momentos la paz, me pelea, abofetea mi rostro.

Me siento culpable,
esa masticable verdad es eco en mi garganta
y no se encuentra razón lógica, más bien sí existe
pero no quiero que regrese al pensamiento.

Le amo, y le grito que le amo
aunque el silencio me coma por el dolor,
aunque la despedida nunca tolere,
aunque me refugie en la desesperación,
aunque siga encarcelada por tantas noches.

Y así pasaran los días,
yo deprimiéndome por esta pérdida de control,
y la astuta poesía seguirá recriminándome:
¿Por qué no me escucho en ti?

CUANDO HAYA LÁGRIMAS EN TUS OJOS

Te darás cuenta,
que el tiempo pasó deprisa,
que las miradas, ya no existen,
que los momentos, se colapsan,
y que hay cicatrices marchando
a favor de la tempestad,
cuando el amor ya no torna.

Te darás cuenta,
que nuestro alrededor se entristece,
que las nubes, son de lluvia,
que los ríos, solo corren al mar,
que las estrellas, aún sin ti, brillan,
que los deseos, son fugaces en mí,
y que hay sentimientos enmarcados
en hilos colgantes de la soledad,
cuando el amor no está.

Entenderás,
que ya es tiempo, de marcharse,
que las sonrisas, se apagan,
que los besos, secan nuestros labios,
que mis manos, no te satisfacen,
que mis brazos, no producen efecto,
que mil te amo, pasan a la otra orilla,
de tus oídos y tus encantos,
y que la llama ya no quema,
y, mucho menos, transmite el fuego,
que se hace cenizas muy adentro,
de unos corazones vacíos,
humedecidos en palabras,
danzadas por la ventisca celeste.

Comprenderás,
que no eres, que no soy,
que así es, que así se forma,

el problema, insatisfecho,
de nuestro amor, su fin.

La verdad sigue perfecta,
intacta en el suspiro,
yo aún te amo, tú aún estas,
pero el hielo cubre todo,
el invierno se hace fuerte,
la lluvia, pronto llegará,
la nieve, detiene el pensamiento,
el frío, hace frívolo el silencio,
son voces, recuerdos, oasis,
lagos, sangre, mis tormentos.

Gotas, rocío del coraje,
que desenredan mi realidad,
me hacen ver escasez,
de mí, de ti, de ambos,
¡faltará!, amor, dolor, tristeza,
ahora, queda el imaginar,
un final, una historia ruin,
inhóspita de la angustia,
que se vuelve soledad alterna,
pero llegan lágrimas para sufrir.

Lo supe, lo sabías, callaste,
me atonté, me ignorabas,
te perdoné, me odiabas,
impar de impares,
no fuimos, pero si estamos,
sueños rotos por la fe,
odio todo, pero aún lo amo,
ironía idolatra de tu nombre.

Caminaré en vano por tus sendas,
confundiré sin recelos tus mares,
ahogare en llanto tus labios,
mancharé el ocaso por tu sentir,

inundaré la noche, tormenta,
huracana de amores,
te haré ver, lo que no sueles oír,
pronto te darás cuenta
que me dejaste.

JUAN GAITÁN
ESPAÑA

BIO-BIBLIOGRAFÍA JUAN GAITÁN

Juan Gaitán nació en Málaga en 1966. Es periodista, poeta y escritor.

Como periodista ha trabajado en distintos medios locales y nacionales, y ha sido galardonado con los premios José María Pemán de artículos periodísticos y el Ateneo– Universidad de Málaga de Periodismo. Actualmente es columnista de La Opinión de Málaga y de la Cadena Ser.

Como escritor ha publicado cuatro novelas, Hombres de Luz (Clave, 1996), que obtuvo el Premio Internacional de Novela de la Comunidad Israelita de Serbia; El Columbario (Málaga Digital, 1999); "Donde las nubes dan sombra" (Ayto. Málaga, 2007), y "Wolframio" (ETC, 2016), así como los libros de relatos "Angélicas y diabólicas" (Ateneo de Málaga, 2002); "Memorias de un equilibrista" (Traspiés, 2005) y "Ciudad violeta" (Adeshoras, 2016). Como poeta publicó "Juglaría" (Corona del Sur, 2006), ha participado en diferentes antologías junto a autores de la talla de los premios Nobel de Literatura Seamus Heaney y José Saramago, y ha sido galardonado con el Premio Internacional de Poesía "Cortijo La Duquesa".

En días como hoy el alma, la conciencia quizás,
aquello que está oculto adonde no se alcanza
y que es nuestro misterio, me pide mar y silencio,
ese silencio del mar que no es silencio del todo,
sino un rumor de rezo que acompaña a la luz
o que encamina hacia ella, o que acaso la reparte.

Entonces voy a la playa a que el sol me caliente
un rato las arrugas, y muevo alguna piedra
suponiendo que soy dios y que estoy revolviendo,
brutalmente y por vicio, el destino del cosmos.

Y veo cómo la arena, herida, se desliza,
y es fácil comprender que se deshace todo
igual en todas partes y por las mismas causas.

Partícula mínima de la muerte,
anomalía de la nada es la vida.

Quizá el inicio de una eternidad
apenas intuida por la esperanza.

Del vacío a lo total, siempre la duda.

¿Es casualidad el roce del amor,
la mirada cómplice de mi perro,
la primitiva alianza con el agua?

Quizás la prueba más definitiva
de que existe alguna divinidad
sea que sentimos nostalgia de ella.

Sería absurdo que todo fuese absurdo.

Si te vas a marchar, si es que vas a abandonarme,
déjame provisiones.
Alguna de tus sombras, no importa si está usada.
Cualquiera me servirá para que vague por la casa,
mire sobre mi hombro cuando escriba,
se deje notar sutil en nuestro cuarto
y me haga llamarte creyéndote de vuelta.

Si te vas a marchar, si es que vas a abandonarme,
no me dejes en la puerta de alguien piadoso.
Compréndelo, no podría resistirlo.
Me he amoldado a la talla de tu amor,
estoy hecho a tus medidas
y no podría ajustarme a una tibieza diferente,
al color de otra mirada, a un modo distinto
de comprender mis silencios.

Si te vas a marchar, si es que vas a abandonarme,
déjame lo suficiente para aguantar un tiempo.
Una luz prendida, un espejo con tu risa,
una carta con tu letra, un pañuelo en un cajón,
tu perfume -ese misterio-,
y el desorden descifrable de tus pasos
cuando caminas descalza.

De aquel entonces guardo las canciones
y el eco del vértigo que fueron los días.
Vivíamos en las calles,
en los escalones y los bordillos,
bajo el mandato de la risa.

Teníamos quince años
y habían matado a Lennon.

Imaginábamos el amor,
aún no creíamos en el tiempo
(para creer en el tiempo
es preciso tener pasado
y nosotros teníamos sólo
un poco de miedo ante el abismo).

Tuvimos un agua oscura entre las manos.
Luego todo se edificó.

De aquellos días nada más queda su vuelo.

FRANKLIN GALARZA
ECUADOR

Nací el 01 de Enero de 1955
Dr. En Administración Educativa
Lcdo. En Ciencias de la Educación
Contador Público
Artesano Calificado. -Imprenta – Tipógrafo
Pintor – Exposiciones Casa de la Cultura
- Casa de la mujer "Nela Martínez"
- Restaurante "El Cucurucho"
- Sala "Víctor Mideros"
- IV Bienal.-Arte Indígena, Ancestral y Milenario
- IV Bienal.-"Álvaro Noboa" Internacional-Guayaquil-Ecuador

Escritor.- Cuentos y participación en el Ilustre "Municipio de Quito"
- Sueños y Secretos, Cuento y Poesía -Cosquín – Argentina
- El Eco de las Musas II- Cosquín – Argentina
- Luces de la Memoria –Cosquín - Argentina
- Poeta Ecuatoriano en el I Concurso Internacional de Poesía en la IV Bienal DE PINTURA "Álvaro Noboa" 2014

EL ÁRBOL

Cuanta compañía tuvo
hoy solitario prendido;
ya la gente lo contuvo,
siempre su sombra sostuvo
tenazmente desprendido.

De su vida valeroso,
de frente da cara al viento;
solitario muy frondoso,
torcaza anida en reposo
no goza ninguno de huerto.

a el riego de Dios no llega
el árbol yace cautivo
 teniendo vida no lega
sofocado en canaliega
 pavimento constrictivo

Belleza en la carretera,
amor diáfano es su sombra;
dando furor vertedera,
reviste de amor la acera
heredad dura de alfombra.
Árbol que en silencio grita
su grito a la irreflexión
su aliento en savia palpita
zar que no recapacita
falsa piedad su expansión

Retoño en sí; clama vida
lisonjeras como estrellas
 el hombre jamás las cuida
 si las ve no da acogida
aunque las flores sean bellas.

Pájaros que se desquician
en cristal del ventanal
moradas que justiprecian
inquieta partida abrevian
yacen sin vida banal

LA CRUZ EN LA VEREDA

Vida tranquila y certera
bólido el golpe asestó
sueño queda en carretera
fresca va con su cartera
a su niña la acostó

En silencio ya no abraza
desayuno, sin alguno
mas el amor siempre en taza
queda mendrugo en hogaza
yaciendo como ninguno.

Sesgó cruzando; la vida
caridad siempre encontró
un encuentro que despida
no sintió la sacudida
del infeliz que diestró

El cariño presuntuoso
concibió tallar ufano
una señal presuroso
la cruz en sentir hermoso
en el abstraer humano

El camino se estrechó
con divinidad fue erguida
una hermosa cruz echó
en azules la techó
hoy se la dio por perdida

El ayer ya finiquita
la abnegada sutileza
ninguno ya la visita
pero siempre está la cita
suspiros en gentileza
Lágrimas en sollozos

yace la cruz deslucida
la montaron con esbozos
soberano en calabozos
reposa la cruz destruida

Caminó sin saber quien
decidió verdugo ser
concibieron en su bien
aquella cruz entre cien
rota sin enternecer

ANTONIO GOICOCHEA
PERÚ

BIOGRAFÍA

ABDELCAR ANTONIO GOICOCHEA CABANILLAS

Nací el 14 de noviembre de 1987 en la ciudad de Chepén, Región la Libertad, Perú, empecé mis estudios desde muy pequeño cursando inicial a los 3 años.

Los estudios primarios los cursé en dos Instituciones por motivos de mudanza, dos años en la Institución Educativa 82097 – "Gregorio Pita" de la Provincia de San Pablo, Región Cajamarca a la cual volví años después como Profesor. Y los 4 años restantes en la Institución 82099 – "Néstor Batanero" de la misma Provincia.

Los estudios secundarios en el colegio "San Pablo", donde empecé mis primeros pasos en escribir poesía gracias a las clases de literatura.

Mis estudios superiores los cursé en el Instituto Superior Pedagógico "13 de Julio de 1882" de la Provincia de San Pablo, Región Cajamarca, donde cursé la carrera de Profesor de Secundaria Especialidad Computación e Informática, casi por obligación de mi padre. Mientras mi estudio no dejé de escribir ni de explorar la poesía.

No me he quedado en un solo sitio por motivos de trabajo voy por diferentes ciudades, sin dejar de escribir constantemente.

IMAGINO

Sabes,
Cada tarde ya muy entrada la noche
Te busco entre mis pensamientos
Y no dejo de pensarte,
De resumir todos los *"y si tu estuvieras conmigo"*
Y de pronto regreso a la realidad pensando en Ti.

Imagino cada línea de tu rostro,
Y me embarco en un sin fin de pensamientos,
De extraños momentos en los que
Te siento tan cerca de mí,
Y sin embargo son lo imaginaciones.

Extrañamente caigo rendido y cierro los ojos
Para inventarme un mundo de fantasía,
Un paraíso lleno de alegrías
Junto a un sin mil de historias y aventuras,
Imaginándote junto a mí.

DESPUÉS DE TODO

Me vuelven las letras,
Y con ellas expresar mis más profundos sentimientos,
Intentando recordar tantos momentos gratos,
Escenarios en los que Yo fui feliz.

Pero tal vez prefiera seguir soñando
Disfrutando de momentos de fantasía,
En el que Yo soy el protagonista y salve a la princesa,
Mas la fantasía no se compara con la realidad
Y Yo prefiera seguir durmiendo.

Después de todo,
El mirar atrás no es sinónimo de retroceso,
Es más como mirar una película no tan agradable,
Pero con momentos de felicidad,
De esos que ya no volverán.

O tal vez después de todo,
No mirar con desazón momentos envueltos en lágrimas,
Volver a vivir, y mirar con agrado otros momentos
En los que Yo vuelva hacer feliz.

ATADO A MIS SUEÑOS

Sabes quisiera contarte que…
Hay mil sueños que guardo dentro de mí
Y que tal vez si el tiempo no existiera
Aun Yo no dejaría de pensar en ti.

Y sabes,
Después de todo Yo quiera seguirte pensando,
Y aunque sé que pueda ser imposible
Aun el mundo no se ha acabado y mucho menos las esperanzas.

Pero tal vez,
Los mil sueños que tengo contigo sean solo eso,
Aunque también hay sentimientos, y palabras que más que decir
"hola",
Representan lo mucho que te quiero.

O simplemente no haya más que seguirte soñando,
Que me guarde los mil te quiero y entierre mis sentimientos
Ahogándolos con la frase imposible amor.
Y que tal vez seguir soñándote sea lo mejor.

NO VUELVO

No siento ya más esas ganas,
Esos enormes deseos de pensarte todo el tiempo,
Tal vez me miento al decir que ya no te recuerdo
Pero no pienso volverme a sentir vacío.

Más al paso de todo este tiempo
Me invento un sinfín de escenarios
Llenándome de esperanzas,
O quizá fingiendo que todo está bien.

Pero hay momentos en que el sentirme vacío es inevitable
Y aunque quizá te recuerde trato de fingir que…
Y más que pensarte, lleno mi espacio de escenarios,
De esos que… No me recuerden ya más a ti.

CLAUDIA SORAYA GÓMEZ
ARGENTINA

BIOGRAFÍA

Nací el 14 de mayo de 1.973, en la ciudad de Santa Rosa, Provincia de La Pampa, Argentina, donde resido en la actualidad. Me dedico a la administración privada en un estudio contable e impositivo. Desde mi adolescencia sentí una gran atracción por la poesía, interpretando su esencia como una fantástica y maravillosa expresión que nace desde el alma, para morir frugalmente en las letras y revivir ante la lectura de quienes logran apreciarla. He integrado la Antología de cuentos y poesías "Sueños & Secretos", en el año 2.014, junto a reconocidos autores hispanoamericanos, y en la obra "Mundillo: te contamos historias de mujeres", junto a autoras de un excelente nivel, en el año 2.015. Sostengo una determinada inclinación personal de mis escritos que se acentúan más a un perfil social que a lo romántico y pasional y es mi intención llegar al común propósito con el poeta, que a través de sus sentimientos y emociones interactúa con su espíritu y motivación para llegar al objetivo final: captar el interés del lector por sus letras.

EL ADIÓS

No puedes sofocar el aire que respiras
para evitar que te ahogue la vida,
cuando al amanecer en las paredes del cuarto
reflejadas quedarán las sombras
de esa pasión que los cautivó,
de ese amor que prometió ser eterno,
de la ternura de esa caricia,
de la fragilidad de ese beso,
de la autenticidad de ese suspiro
que no logró reprimirse en tu pecho.
Mas no te mortifiques,
la almohada se encargará de secar tus lágrimas
y el tiempo, lentamente, de limpiar tu alma.
Sí…es cierto, se entristecerán las rosas de tu jardín,
hostigadas por las malezas
perecerán tan mustias y frías…como ayer,
cuando eras muerte y por él, sólo por él!
fuiste resurrección.
Pero ya no llores,
vuestras historias serán el néctar
que invocarán los presagios del tiempo,
jamás serán sepultadas en los oscuros pasillos
del olvido y el encierro,
renacerán con la magia de tu pluma
y el papel donde volcarás tus sueños,
sí... ¡hermosos sueños... !
que nacieron en una esperanza,
crecieron en un sentimiento,
murieron en un adiós,
…se inmortalizarán en un recuerdo.

NUESTRA BARCA

Cobijado entre mis sueños con tus alas de algodón
cada noche a ti te encuentro…
¡Ángel mío no te vayas!
no abandones nuestra barca
¡contigo y sólo contigo quiero navegar!
no la dejes naufragar en los profundos mares del tiempo,
sobreviviremos a las tempestades
como tantas veces lo hemos hecho…
aunque imponentes olas sacudan su casco
no lograrán zozobrar la barca
que cuidadosamente construimos
con el más fuerte de los aceros.
Ya todo pasará…y aguas mansas pronto surcaremos
para disfrutar de la merecida paz, arrullarnos en el secreto
de nuestro amor que no muere… ¡que no morirá jamás!
para convertirse sólo en recuerdo.
¡Sí…mi amor…! estás en mis noches solitarias
como fiel guardián de mis desvelos,
estás en mis días presente
con cada uno de mis pensamientos,
mas no te arrojes a esas aguas oscuras,
continuemos los dos esta loca travesía
en nuestra sufrida e indestructible barca
donde eres mi única guía,
pues sin ti…el rumbo pierdo
¡...y ya verás, amor mío!
que pronto anclaremos en buen puerto,
para quedarnos al fin juntos…¡no separarnos jamás!
y vivir sin más tormentos…
¡que siempre la esperanza nos ilumine!
¡que nunca se apaguen nuestros sueños…!

NO ME OLVIDES

Sentada en el umbral de tu olvido
esperaba apacible
el triste desenlace
de nuestra historia,
me aprisionaban las sombras
del fracaso
por aquello que no pudo ser,
por el desdichado rumbo
de nuestros destinos
en caminos bifurcados por discordias…
Y sin aliento,
con la última ráfaga de esperanza,
me aferré casi sin fuerzas
al último intento…
pero era tarde...
¡ya te habías ido!
con la carga de este amor no concluido
y el pesar de un sueño que agoniza
en un adiós…
sin despedida…

NOSTALGIA

Hoy el viento
sabe a recuerdos,
sacude mi alma y en una nostalgia
con suaves matices de otoño
se quiere enredar en mis pensamientos,
quiero nombrarte
pero tu nombre se ahoga en mi voz…
hasta quedar inerte en el silencio,
entonces le pido a la luna
que no deje morir las tinieblas
¡porque esta luna es tan nuestra!
que los dos la vemos
en el mismo cielo…
y ya no me siento tan sola
... ya no te siento tan lejos,
así cuando llegue el descanso
y las sombras sean mi consuelo,
la noche nos dejará estar juntos
para encontrarnos en nuestros sueños…

ANABEL MARTINA INDA
ARGENTINA

BIOGRAFÍA
Anabel Martina Inda

Nacida en Santo Tomé Santa Fe el 2 de septiembre de 1975
Incursiona en el canto folklórico en el año 2005

En el año 2016 incursiona en la escritura de poemas
Presentando 2 poemas, que fueron premiados en
Los Premios Latinoamericano de Oro 2016 en Caracas
Venezuela

Invitada a recibir El Arco de Córdoba en noviembre de
2016

FORTUNA

Hoy la suerte tocó a mi puerta,
la luz del sol entró en mi ventana.
La incertidumbre salió de mi vida,
y me vestí de sonrisas.
Todo está en su más entera dicha,
la calma retorna gota a gota.
La tristeza ya no habita en mi rostro.
Los motivos que inundaban mi ser,
son solo los restos de un espejismo,
que llegó a su fin.
La fortuna de saber,
de haber ganado la batalla,
de sentir paso a paso,
que todo tiene un sabor especial.
el candor de aquellos días,
me llevan a la felicidad,
a la más absoluta de tus sonrisas,
que se apodera de este universo.
Miro al más allá,
y encuentro esa luz que me guía.
Ya nada puede teñir de gris mis días,
cada cosa tiene su espacio y lugar.
El sendero ya no se oculta,
muestra su nitidez natural.
Los sueños se hacen realidad,
ya nada podrá apagar el lucero,
ya nada es tan incierto.
Esta es mi fortuna,
me la he ganado.
Nadie más me quitará,
la posibilidad de respirar,
de vivir, de soñar.
y buscaré en esta vida luchar cada día más.

NATURALEZA

En el esquema de esta vida,
vivo buscando el rumbo.
incesantemente hago oídos sordos,
con pasos que sólo buscan la verdad.
La naturaleza de las cosas vividas,
guardadas en algún rincón del corazón
avivan la esperanza de aquello que siento.
Ya no trato de entender, sólo observo.
Pero allí me veo inmóvil,
cómo buscando en mis pensamientos las respuestas.
Intento descifrar la lógica de esta vida,
que pasa como un torbellino a veces inexplicable.
Me confundo en el silencio,
me sustraigo del ruido que me quita la calma.
La prisa se desdibuja, y doy paso al mar de quietud,
en el cuál encamino mi alma.
Necesito ser yo.
Encontrar mi esencia, mi naturaleza, ser fiel a mí misma,
alejándome de todo lo que pueda cambiar mi interior.
Sólo tengo una vida, no es un juego azar,
no dejaré que una moneda decida mi suerte.
Construiré mi mundo a partir de las vivencias, emociones
y sobre todo que lo haga feliz a mi corazón.

PERSPECTIVA

Camino por este sendero de luces
que iluminan mi andar,
lejos del ruido, de lo mundano.
Segura de mi misma,
de saber que las cosas toman otro rumbo.
Todo tiene otro color,
otro sentido.
La realidad me muestra en un espejo,
que ya no existe la oscuridad.
Todo late al ritmo de este corazón,
gigante como el sol en la mañana.
Renace la esperanza,
revive con cada ilusión.
Ya no temo al futuro,
vivo el presente como único.
No existen palabras que resuenen,
ya no hay obstáculos que interfieran.
Pinto mi mundo con el color de la vida,
siento con un espíritu diferente.
Dirijo mi mirada a lo que todavía no conozco,
espero sorprenderme.
Encontrar la quietud,
la dicha de sentir que todo tiene un propósito.
Camino y mis pasos van hacia adelante,
piso con fuerza.
Ya no más estar inmóvil,
debo transitar con la certeza que todo me guía.
Que todo me encamina a vivir,
con está paz que inunda mi alma.

SALÍ A BUSCARTE

Entre tanto ruido me perdí,
y fui tras los pasos de lo desolado,
buscando paz, olvidarme del pasado.
El ímpetu y mi soberbia,
me alejo de lo mundano.
Trato de encontrar el equilibrio
no te hallo.
La intermitente locura rodea mi alma,
el silencio es una daga,
que apuñala este corazón.
Romperé el silencio que calla lo que siento.
En estado de permanente locura
la vida me sacude.
Pendiente de tu llamada,
de tus caricias, de tus palabras.
Siento que no puedo acercarme,
hasta las ventanas perpetuas de tus ojos.
Me miras.
Necesito de ti, dependo de lo que no tengo .
Tus brazos son mi refugio,
en ese mundo que no encuentro consuelo
al dolor que me quita la respiración.
Saber que te tengo y que te pierdo
y no puedo detener tu partida.
Te vas no lo entiendo…
Quizás porque en pensamientos
te llevo prendido de mi pecho….
No hallo el consuelo ..
sólo debo dejarte ir...por ti por mí,
por lo nuestro.

En el azul infinito de este cielo,
que pretendo seguirte hasta el fin.

FABIÁN IRUSTA
ARGENTINA

Reseña: Fabián Irusta, de Villa Maza, Argentina.
Padre de Gaspar y Joaquina / Maestro de Escuela Primaria.

No sé a ciencia cierta, en qué momento me gustó escribir poesías libres, pero supongo que fue en el mismo momento en que me desencantaron los poemas con rimas.

Pues escribir por escribir, me da lo mismo que deambular por la vida y sentir que lo experimentado, puede ser tan fantasioso como real.

Es que las letras me dejan deambular por las callecitas de Villa Maza; dulce mansedumbre de los vientos y el gorjear de los pájaros.

Pero ciertamente, son las imágenes las que me dejan volar al aire y las que sacan el yo poético.

Intimidad, que me llena de silencios y de letras alrededor.

SINTIENDO EL AIRE

¡Qué manía rara!

T
u

P
i
e
l
echa pétalos callados al mundo exterior
mientras el plátano de luna
mengua
d
e
t
r
á
s.

Verdad
que sin espino,
se hace flor y fauno
sobre tu ser de ninfa solitaria.

Y a media noche...

Donde
no renuncias a nada,
ni dejas
que las horas sin tiempo
deshoje

los sépalos lácteos.

Lo que intento decir,
es que a veces te desvelas en las penumbras.

Y en cuerpo semidesnudo,
tienes momentos
para sentir
e
l

a
i
r
e.

BITÁCORA DE TU ACCIONAR

Hasta
los sentidos
parecen inventariar
el evangelio de tu mirada.

Luego
de largas sensaciones
bajo el palpitar de las penumbras.

Y sobre el eterno cansancio
que por nada, arrebata las ilusiones.

Utopía
de mujer silenciosa,
que mira atónita lo tan poco habitual.

De algún modo…

E
r
e
s
arte
primordial
sobre el prefijo etéreo
que ciego de luna
en su opacidad

c
a
l
l
a.

O en su constante.

Cuando intentas desvanecer las nostalgias
para no pasar tanto tiempo
intentando ser tú.

RONDANDO EN LOS SILENCIOS

Tú,
el sol
que cierra sus puertas
sin pudor,
y los brazos
rondando al silencio.

Desespero,
que infinitamente
desordena las ideas,
mientras el alma
cae al piso
sin
r
u
m
b
o.

Pero te sostienes en el resquicio de las penumbras
hasta que la excitación centralizada
se consuma a cenizas.

Sentires
que se entinta de grises
y de mutismo
yerto.

Y de dolor
tras las turbulencias
del callar.

TINTES DE PRIMAVERA

Se
esculpen
en tintes rojizos,
sin cortar el hilo de la respiración.

Sensibilidad,
que religiosamente
se palpa
a cada detalle
del cuerpo,
hasta explorar
las fibras de los latidos.

Pensamientos
y fuego
o humedad hecha pintura,
a lentitudes curvas
y suspiros,
entre volcanes ardientes
y expresiones
sudorosas.

Pues…

Hay tanto rojo
por andar

que escribiré un poema apasionado,
cuidando la métrica
del sentir.

GLADYS VIVIANA LANDABURO
ARGENTINA

Escritora, poeta y editora, nacida en Gral Pacheco - Bs As - Argentina. Resido en la ciudad de Cosquín (Córdoba - Argentina). Hace años que participo compartiendo mis letras en foros internacionales, habiendo sido administradora en alguno de estos, y desde donde he trabajado para promover las letras acompañando a los autores y caminando junto a ellos en iniciativas como editar y publicar su obra para perpetuarse más
    Allá del tiempo.

Fundadora de los sellos: Del Alma Editores; Eco Editorial Argentina

TE BUSCO

Pueden las nubes cubrirte…
y mis ojos ya huérfanos
sentir sus días
un desierto

Pueden las nubes retenerte…
 obsequiarme tu ausencia
encadenar tus pasos
esconder de mí
el calor de tu reflejo

Puede que el vuelo
 hacia ti… sea interminable:
mas no desalentará mi vuelo

Puede que se cierren
 con mil cerrojos
los accesos a tu mirada
 me aten con cadenas
 amordacen mis labios:
y no acabarán con mi vuelo

¡Porque te busco
desde que abrí mis ojos
en esta travesía
llamada vida!

Y TRAZO TU CORAZÓN

Te pinto desde mi alma
desde mi alma te pinto.

Y es mi pincel un suspiro,
que desde mi corazón
esculpido de pasión
tallada en flama

un rojo escarlata inspira
y trazo tu corazón

Y te siento y suspiro
y diáfana luz me inunda
y viste mi pincel
de amarillo cadmio claro,
de amarillo cadmio oscuro

Y hebras de luz y fuego
pinto en tu corazón

y te siento y suspiro
y te miro y te siento
y desde mi sentir
tomo azul cobalto claro
e imprimo en tu corazón:
sensibilidad, dulzura
y toda la poesía

Y ahora ya eres:
un corazón de fuego,
un corazón constante,
un corazón sensible,
un corazón que ama.

Y ahora que eres:
un corazón soñado,
un corazón perfecto,
un corazón amado.
Te miro... te siento,

y porque te siento
corro el riesgo de
dejar la puerta abierta
por si me miras
y tu latir cabalga tan fuerte
como para no poder partir...
sabré, entonces, que
eres tú, ¡Mi corazón!

¿AÚN TE EMPEÑAS EN LLAMARLO AMOR?

Ay amor… ay amor
cuánto anhelo despiertas
si tu ausencia está presta.

Y es desierta existencia
el respirar en el alba
tras la huída de tus caricias
que ansias vehementes
en mi piel despiertan,

cuando te evocan
mis sentidos consentidos
en aquellos deliciosos
arrebatos, que enajenaban
mi lucidez, y entregada,
mi objetividad fugaba
de mi esencia y su recato,

para perderme en tus deseos,
placer ardiente de mis entrañas,

aunque mi alma vacilante
susurre desde sí:
"Tú bien sabes que
este amor, es solo
un errante vagabundo...,
¿aún te empeñas
en llamarlo amor?"

Y CUANDO FUERA DE TI...

¿Estás ahí?
No te consumas en el develar
de tus graves o agudos
¡Agita tu plenitud!
y cuando fuera de ti...
impúlsate para encontrarme
en ese latir prosaico
que desnudas ante mí
con el cual me complazco,
y ardiéndome en llamas
me inflamo fulgurante...
para acoplarme en tus vaivenes,
para ser tus deseos,
que son el placer
de mi ser agitado,
que agiganta su garganta,
para gritar tu nombre...

PEDRO JAVIER MARÍN GALIANO
ESPAÑA

BIOGRAFÍA

Pedro Javier Marín Galiano nació en Granada en 1979. Tras licenciarse en Derecho, estableció su residencia en Málaga y, desde entonces, trabaja para la Administración de Justicia.

En su tiempo libre compagina sus dos grandes aficiones: la música y la literatura. Si bien su trayectoria vocacional ha sido mayoritariamente poética, el gusto por el género negro y su particular preocupación estilística y estética le hicieron debutar como novelista con la publicación de su ópera prima: *El crisol de lo prohibido y una mujer que desaparece* (Editorial Círculo Rojo - abril 2015).

En marzo de 2016 publica su primer libro de poemas: *Lo que jamás sabrás por mis palabras* (Ediciones Esdrújula). En dicha obra, el autor compila por temáticas los mejores sonetos de su autoría junto con algunos guiños al verso libre, siendo el amor, la melancolía y el ocaso los ejes centrales que vertebran la obra.

En mayo de 2016 participa junto a otros autores en la obra *Concierto Poético para San Juan de la Cruz*, colección Puerta del Mar (Centro de Ediciones de la Diputación de Málaga).

En octubre de 2016 es galardonado con el primer premio del *III Certamen Poético Internacional Manuel Salinas*.

Y ya no hallé en las calles más que calles,
ni me vi en otros cielos bajo el cielo,
ni encontré más anhelos que mi anhelo,
ni más detalle en mí que mis detalles.

No hubo un eco en la cumbre, ni en los valles,
ni un cabo que agarrar más que este suelo
sobre el que me sostengo y me rebelo.
No me falles silencio, no me falles…

Pues ya no vibra el son del universo,
ni debajo de un verso una mirada,
ni bajo una mirada mi reverso,

ni bajo ese reflejo tu almohada.
Y pensándome en ti yo vivo inmerso,
y pensándose en mí, no queda nada.

Cuando la noche vista tus antojos de calma
y arrope la ventisca las ascuas del pasado,
no me llores por todo, no me llores por nada;
no me llores las penas que condenan tu alma.

Y si torna la Sombra y se te mueren las hadas
y recorres, perdida, desiertos en tu cama,
no grites, desgarrada, las letras de mi nombre
al eco sordo y muerto de cada madrugada.

La sombra de su terca indiferencia,
sus labios de cristal presa del miedo,
su cura de crueldad, quiero y no puedo,
su incómoda mirada en mi presencia.

Sus piedras lapidando mi paciencia,
su afán por controlar mi fe, mi credo,
sus ojos, su piedad, su piel, su enredo,
su tierra a paletadas, su sentencia.

La voz de su conciencia pensativa,
su imagen en papel cada momento,
su cruda decisión tenaz, altiva,

el gozo incomparable de su aliento,
su arena que me mata, su cal viva,
su amor inalcanzable, como el viento.

Me basta el gozo de saber que existes,
soñarte cerca, dibujarte a ratos
y hallar el tibio azul de tus retratos
en las orillas de mis ojos tristes.

Me bastan las excusas, los despistes,
entrelazar las letras, los relatos,
reconocer la voz de tus zapatos
y conquistar los sueños que conquistes.

Veneraré la paz de tus cerrojos,
traspasaré las puertas que me abras,
consolaré en tu risa mis antojos,

bendeciré la tierra que me labras
y esperaré a que encuentres en mis ojos
lo que jamás sabrás por mis palabras.

JEMA MARIE
PUERTO RICO - USA

BIOGRAFÍA

Jema Marie (María Ocasio Suárez) nació en el Bronx, New York, Estados Unidos. Se crió y cursó estudios primarios y secundarios en Las Piedras y Juncos, en su bella Isla Puerto Rico. Más adelante regresó a los Estados Unidos y estudió en el Mount Wachusetts Community College, Quinsigamond Community College, y en Liberty University (Inglés, Turismo, Teología, y Psicología) en el estado de Massachusetts y en la Florida. Fundadora de Huellas de Amor, entidad sin fines de lucro con el propósito de ayudar a personas en crisis. Lleva años escribiendo en Chats y Blogs en el Internet sobre temas de inspiración y motivación. Después de vivir toda una vida en los Estados Unidos regresa a Puerto Rico y comienza a participar en ferias de libros y otros eventos culturales.

Creadora y administradora de páginas en el Internet, tales como:
Poetas y Poesías, Puerto Rico
Puerto Rico, La Isla del Encanto
Palabras Ocultas, Suicidio
Lectura de Poesías
Jugando con la Imaginación
(mi página personal de poesías)

Ha compartido y colaborado con varios colectivos literarios de su país.

> *Más, vence nuestro amor; vence al de muchos, más grandes que ella fue, que nunca fui; y ni próceres ángeles del cielo ni demonios que el mar prospere en sí, separarán jamás mi alma del alma de la radiante Annabel Lee.*
> *Edgard Allan Poe*

A ANNABEL LEE

resignarme no fue una opción para mí:

- ¡es injusto, la vida se ensañó conmigo!

yace dormida
sobre sábanas
congeladas de silencio

las horas consumieron
todos sus huesos
solo me queda
su recuerdo

el dolor devoraba mi ser
sin Annabel Lee la vida no tenía sentido
su tumba se volvió mi alcoba

sin consuelo y muerto en vida
deambulé por las calles
me ahogué en el alcohol
y Annabel Lee jamás regresó a mí

no concebía los días
ni las noches
sin la luz de su presencia
ella era mis pulmones
la sangre en mis venas
mi corazón
mi todo

en su tumba
conmovido hasta lo más profundo
le declaré por última vez todo mi amor:

- siempre aquí, siempre tuyo, mi bella Annabel Lee

lágrimas...

tantas letras
palabras inconclusas
deseos aún latentes
consumían cada fibra de mi cuerpo

las calles de Baltimore fueron testigos de mi dolor
y un día ahogado en tanta miseria
les regalé
mi último suspiro
y Annabel Lee me recibió en sus brazos

(Recordando a Edgard Allan Poe y a su esposa Annabel Lee)

ALFARERO

Recuesto mi cabeza en tu regazo
alimentas mi ser con el maná de tu presencia
respiro el aceite de la unción
entro en la dimensión de tu Espíritu
todo mi ser se quebranta
pedazos se disuelven en el barro
tú, Alfarero me vas formando
y en el doloroso proceso
tus tiernas manos me fortalecen
me sostienen
mientras el tiempo continúa su destino
enjugas mis lágrimas
tu Palabra alumbra el camino
guías mis pasos a toda verdad y a toda justicia
transformando todo mi ser
en la libertad de tu Espíritu
Tú
el Fiel y Verdadero
el Alfarero

ENTRE PIELES

El vagar frío de la ribera
sacude los cimientos
hasta conmover
la oración sonora de los valles
y las voces indígenas
desvalidas
vertidas en el voto solemne de la cordillera
te quiebra
te difumina
en la epidermis de la tierra
Se escucha el timbar del cuero
el choque siniestro de las piedras
cuerpos se mecen en el aire
vuelan
y las aves se unen al canto de la Libertad
entre pieles

Ojalá vivas todos los días de tu vida!
Jonathan Swift

La fragilidad de la vida
Caminan los humanos
forzados a un nacimiento
y también a una muerte
destinados por el reloj interno del soberano Universo
lágrimas
sonrisas
enojos
salpican y sazonan
el paladar fortuito
de la raza humana
la ola de los años
arroja nuevos bríos
en una canción eterna
de fe
esperanza
y
amor
historia que se repite
hasta el final de los siglos
en la fragilidad de la vida

DANIEL MENA
ARGENTINA

BIOGRAFÍA DE DANIEL EDUARDO MENA

Contador Público Nacional, y de hace muy poco tiempo aprendiz de Poeta, Gracias a unas Buenas y Bellas Letras que se acercaron a mi vida con el deseo y la sana intención de ser mis Amigas, independientemente de que vienen con una misión de Alguien muy Importante. Vienen a contarme muchas cosas para que pueda trasmitirles a todos Ustedes, y así puedan a través de ellas conocerlas. Nacido el 07 de Julio de 1958, en la Ciudad de Monteros, Provincia de Tucumán, donde viví hasta los 5 años, en la actualidad resido en Lomas de Tafi, pertenece al Dpto. de Tafí Viejo – (Tuc.). Cuando mis letras Amigan cuentan, hasta el Tiempo se detiene para poder admirar su Bondad y Belleza…

CUANDO EN TI PIENSO...

Cuando en ti pienso,
es algo que no podría explicarte lo que siento,
 cuando en ti pienso,
siento que toco con mis manos el cielo,
la magia aparece, la maldad en el mundo desaparece,
 la felicidad se viste de colores,
veo niños con fuerza jugando y riendo,
desaparece el hambre de la faz de la tierra,
veo mucho amor y paz en las gente.
Todo esto sucede,
solo cuando en ti pienso,
y cuanto me alegra de que tú seas la responsable
 de que sienta y vea todo esto,
orgulloso de haberte conocido
y nuestros corazones se hayan flechado para siempre.
 Eres tan hermosa mi amor,
que solo en ti pienso..
y te necesito a mi lado para acariciarte,
besarte y amarte deseando que tu sientas lo mismo
que yo siento.
También quiero contarle al mundo,
que no existe nada
que podría hacerme más feliz
que el de tenerte a mi lado,
acariciándote, besándote y amándote,
... sin límites...
Cuando en ti pienso y nubarrones oscuros
 envuelven el cielo,
veo que las gotas de lluvia
en estrellas de colores se convierten,
Iluminado mi mente, viendo con mayor claridad toda tu belleza,
sintiéndome tan feliz de saber que también,
existen muchas mujeres como tú en esta vida,
donde hombres como yo, tienen la misma suerte. Cuando en ti pienso,

siento que toco con mis manos el cielo,
y la "Magia Aparece" ...-

ESCRIBIRTE UNA CANCIÓN SOÑÉ...

Mi amor,
deseo contarte que siempre soñé,
que un día una canción te escribiría,
pero el tiempo pasaba
y en silencio sufría,
porque me daba cuenta que no tenía el don
que tienen aquellos que escriben poesías.
Y me esforzaba con toda el alma
buscando palabras,
y eran tantas las que mi corazón
gritando me dictaba,
y yo, no podía ni sabía expresar,
y pensaba, cuando más pensaba
que rabia me daba e inútil me sentía
por no poder escribir.
Te juro, que noches enteras
despierto me quedaba
y sabía que hasta el papel me faltaría
cuando las palabras se soltaran
y todas aquellas palabras
que pudiese escribirte
muy pocas serían,
por lo que tú significas en mi vida,
mi hermosa mujer, mi luz, mi guía,
compañera y amiga,
y cuantas más frases bellas
te podría escribir,
que si la luna pudiese leer,
de envidia moriría,
y no es mi intención, ya que fue ella
donde muchas noches de amor iluminó
nuestras vidas.
Mi amor, cuánto me cuesta escribir,
que siento que no podré,..
..pero te juro, no me dejaré vencer
hasta haber cumplido mi sueño,

este hermoso sueño de escribirte
una canción.
Te aseguro mi amor,...
que será la melodía más bella
que el mundo recorrerá,
donde todos se enteran lo hermoso,
increíble y grandioso
de todo este inmenso amor,
... que siento por ti...-

HOY EL CIELO...

Hoy el cielo se vistió todo de gris
como tantas veces lo hizo,
y cuando me dirigía muy feliz a tu encuentro
una suave llovizna acariciaba todo mi cuerpo
sintiendo tan dulce sus gotas
como cuando mis labios besan tu rostro
las dulces lágrimas de amor
que brotan de tus ojos bellos,
deseando que esta suave llovizna
siga acariciando mi cuerpo
y me dé la fuerza necesaria
para poder llegar a tu encuentro,
y sean tus tiernas caricias
las que conviertan en realidad mi sueño,
porque mi felicidad es real
cuando te encuentras conmigo.
Hoy el cielo se vistió todo de gris,
tan majestuoso a cuando viste de celeste.
Mi amor, te pareces mucho a él
porque del color que vistieses
siempre serías bella.
Romántico y dulce es el momento
de poder compartir contigo el mismo cielo,
y él se siente muy feliz al observar
nuestro gran amor acá en la tierra
y vestido de gris o celeste
siempre será el mismo cielo
para todos aquellos que se aman
de la manera que nosotros siempre lo hacemos.
Hoy el cielo se vistió de gris
mientras una suave llovizna
tu cuerpo y mi cuerpo acariciaba
dándole la fuerza necesaria
a este gran amor que pudo conquistar al Cielo...-

TE ESCRIBIRÉ UNA POESÍA DE AMOR...

Mi amor,
me pides te escriba
una poesía de amor,
y por ti feliz escribiré
porque mi tiempo te pertenece,
y me encuentro seguro
que tinta y papel faltarán
 cuando comience a escribirte,
y serán miles las palabras
que te hablarán de mi amor
 al existir en ti
toda la bondad y belleza,
 más todo aquello
que puedo de ti imaginarme,
porque tu gran amor enamoró
mi corazón en el instante
que comenzó a latir fuertemente
muy loco de alegría.
Me pides te escriba
 una poesía de amor,
y me doy cuenta que tú eres
la poesía de amor
que existió de toda la vida
al mirarme con tus bellos ojos
 mientras tus dulces labios me besan
en las caricias de tus suaves manos,
y me haces pensar en todas
las poesías de amor
que gracias a tu gran amor
 podré escribirte,
y enamorarme de ti pudo lograr
 que pudiese escuchar sonreír
a mi alma.
Me pides te escriba
 una poesía de amor,..
 Amor,

escribiré con mis labios
en tus dulces labios
la más grande poesía de amor...-

AGUSTÍN ERNESTO MEDINA
ARGENTINA

BIOGRAFÍA

Nació en la ciudad de Córdoba Capital, el 15 de junio de 1992. Vivió sus primeros años en el tradicional barrio San Vicente. A los seis años de edad se mudó a Villa Regina, provincia de Río Negro, junto a su familia, ciudad donde vive actualmente.
Estudió en el Centro de Educación Técnica N° 18, recibiendo el título de Técnico Electromecánico.
Actualmente es estudiante de Sociología.
Aficionado de la literatura, escribió sus primeros cuentos y poemas desde muy corta edad.

_ Antología Poética En El Sendero De Las Letras: Autores de Argentina.

_Antología Poética El Eco de las Musas: Solo Poesía

--Sueños & Secretos: Cuento & Poesía

PROMESAS

Ya no mojes tus labios con promesas
aunque el futuro esté
quemándonos las manos
el tiempo es demasiado corto
y todo siempre está cambiando.

Tan cerca de robarte las mañanas
la lluvia que mojó tus sueños
es polvo de estrellas
te sorprendieron con la guardia baja
y ya rodabas por las escaleras.

Se acabaron las ganas de esperar
hay espejos atrapados en el centro de tus ojos
podrías comenzar desde el principio
pero hiciste un pacto
con la soledad.

Estaciones borran nuestros pasos
librando de la culpa a los amores cobardes
las hojas en abril caerán seguras
porque saben que sos más fuerte ahora.

LUNA SECRETA

Flota tu cuerpo sobre el suelo
mientras el péndulo golpea tu cráneo
ella esconde una trampa
entre las hebras de su pelo
y lo sabes, estas desarmado.

Porque su hombro desnudo
fue mordido por tu boca
y las láminas ocultas
en tu piel fueron abiertas.

Una dádiva divina
da vueltas en el aire
y tu ángel dormido
camina por la cuerda.

Oscuro presagio
conjura tu pena entre copas de vino
Ojos deshabitados
rodando en los escombros hacia el fuego
ya corre el veneno por tus venas
ancestral maldición de un hombre necio.

Flota tu cuerpo sobre el suelo
mientras el péndulo golpea tu cráneo
ella esconde una trampa
entre las hebras de su pelo
y lo sabes, estás desarmado.

Destino marcado
en el mapa de las líneas de sus manos
Las horas se marchitan en tu cuerpo
como rosas robadas al tiempo.

Sirena de arena tallada
sus pasos descalzos se aproximan
después de robarle a la noche su perfume
verás trepar su luna secreta.

SUBURBANA

Ventana trazada
en el muro de los días
agitas las mareas en mi mente.

El cielo teje sombras
al filo de las torres
hacemos de la noche su santuario.

Su imagen se desborda
al resplandor de un cigarrillo
fragmentos de su alma se elevan en espirales.

Asomo mi cabeza sobre el fuego
el monstruo duerme plácido
hundido en la curva de sus pestañas.

Se abre una flor silvestre
al umbral de su sonrisa
la usa como un arma perfumada
ella corre mi mundo de su eje
su nombre es poesía suburbana.

Despierta la memoria de mis labios
naufragio de mi mente suspendida
su voz es como una espina en mi cráneo.

Su arte es eficaz como una espada
no hay tregua que me libre de sus manos
estoy en el ojo de la tormenta.

Se abre una flor silvestre
al umbral de su sonrisa
la usa como un arma perfumada
ella corre mi mundo de su eje
su nombre es poesía suburbana.

NUEVO DÍA

Voces lejanas
estación de cometas en el cielo
y jardines de luciérnagas.

Menta y café
un grito en el horizonte
partículas de aire en mis pulmones
fragmentos de tu boca perfumada.

Oscuras hebras danzando
al borde de tus mejillas
un perfecto movimiento.

Resbalando entre la luz de un nuevo día
el suspenso y la caída
de un beso sobre mi frente
como un pétalo perfecto sobre el agua.

Fluye el río silencioso
grabo tu imagen en mi mente
ojos que brillan de encanto
una historia insignificante

sobre el origen del universo.

Palabras de más
hojas de mi cuerpo en el viento
raíces profundas de vos

melodía de los cielos.

Somos el destino incierto
hijos de la superstición.
Un momento glorioso

tan cerca de conquistar mi mundo
que olvidé decir adiós

JOSÉ LORENZO MEDINA
ARGENTINA

BIOGRAFÍA

Oriundo de Córdoba – Argentina. A los 8 años escribió su primer cuento, después de la muerte temprana de su padre se refugió en la lectura y escritura. Los primeros poemas los escribió a la edad de 15 años. Fue jugador de Ajedrez de 1ra en la UC.A. Durante la dictadura se afilió al Movimiento Nacional Justicialista (Partido Peronista). Fue miembro activo de la Juventud Peronista. Milito en la izquierda del Peronismo durante los años del Menemismo. En el 98 emigro al valle del Rio Negro, eligió la ciudad de Villa Regina para establecerse. Allí comenzó su militancia gremial en S.O.E.F.R.yN. (Sindicato obreros empacadores de la fruta de Rio Negro y Neuquén) y ya en el 2012 fue nombrado funcionario del gobierno provincial por el Sr. Gobernador de Río Negro Don Alberto Weretilneck. Está cursando el último año de la Tecnicatura de Seguridad e Higiene Industrial en el I.P.A.P.

Ha participado en los siguientes libros:

-Antología poética Alma y Corazón en letras: Con Derecho a Réplica.

-Desde mi esencia: Poesía (junto a la autora Gladys Viviana Landaburo).

-Antología Poética en El Sendero de las Letras: Autores de Argentina.

-Antología Poética El Eco de las Musas: Solo Poesía ©2014.

-Antología de cuento y poesía:Sueños & Secretos

-El Canto del Ruiseñor:sinfonía de un sentimiento (libro de mi autoría).

ERES PARTE DE MÍ

A través de tus besos fui desnudándome y pudiste descubrir, que a pesar de la distancia y el tiempo, seguimos siendo una sola alma. Nada podrá detener esta intensidad, con la que nos amamos. Eres la rosa y las margaritas más bellas, del jardín de la vida y de mi corazón. Todo lo que soy y lo que siento, está reservado para ti, para tu piel, para tu alma. Nos encontramos, cuando mi corazón estaba herido y en pedazos, fuiste ese faro con que la vida nos alumbra, una preciosa alma, que me regala la ternura que perdí y allí estás tú, esperándome y mi corazón vuelve a renacer, con la belleza del amor y las palabras, hasta que esperemos juntos el amanecer y la alegría y el deseo nos abrace: ¡bajo la Luna y el mar de nuestro amor!

SE FUE

¿Dónde está el corazón
que palpitó la vida
amando con total entrega
en cada minuto del día?
¿Dónde se fue aquella alma
que abrazaba con dulzura
y encontraba siempre
una razón para sonreír?
Fueron los fantasmas
y las barreras
que construimos
en la noche del dolor
que apagó tu alegría.
Te dejé marchar en silencio
sin secar tus lágrimas,
sin decir que te amaba
porque quise evitar
más sufrimiento
a tu noble alma.
Y me fui a buscar
lo inexpugnable
los abismos de la soledad
y solo encontré
a un hombre desnudo
y las palabras
fueron una nueva canción
en el silencio y la libertad.

SI ME DESNUDAS EL ALMA

Si me desnudas el alma,
prometo limpiar con mis labios,
toda la sangre que dejaron las espinas,
de esa rosa que reposa sobre tu pecho.
El amor no hiere,
no deja llanto sobre las mejillas.
Y si alguna lágrima me produces
será como una suave brisa
proveniente del mar
que guardará este amor de toda pena.
Lo defendí con armas cargadas de recuerdo
y nostalgia para que permaneciera
puro en mis labios y en el corazón.
Mis versos fueron la estela donde escribí
todo lo sagrado que eres para mí
y en incontables noches
siempre fui el poeta de tu aljaba
y tú la musa de mi inspiración.

LA ESPERA

Durante una largo tiempo
te esperé en silencio
devorando las horas
desbordado de ansiedad
buscando las palabras
para comenzar
nuestra charla.
Me imaginé
tus labios,
tus ojos,
tu sonrisa
despertando
mi ser
¡y entonces
mi corazón
se estremeció
de ternura
y de pasión!
Mientras divisé
tu silueta
entre la gente
y las rosas
en tus manos.

ISABEL MIRANDA DE ROBLES
MÉXICO - USA

ME PRESENTO: ISABEL MIRANDA DE ROBLES

Nací un14 de septiembre, en la comunidad de Los Morales, Jerez, Zacatecas, México; rodeada de todas las bondades de la naturaleza.

Soy la número doce de una familia de catorce hermanos. Mis padres, J. Jesús Miranda y Dominga Moreno, en medio de todas las precariedades económicas, me enseñaron a amar profundamente el día de hoy, y mi familia, como los únicos tesoros verdaderos en la vida.

¿Cuándo comencé a escribir? No lo tengo muy claro, pero si sé que fue muy niña. En la autobiografía de Alfonso Reyes encontré una frase que tal vez se acomoda a mi caso, él decía: "Lo malo de leer es que te da muy pronto por escribir". Yo no sé si a otros les haya pasado; pero, en efecto, el trayecto de mi vida lo he recorrido siempre con un libro en la mano.

¿Por qué perdí el miedo de mostrar lo que escribo? Gracias a una frase de Josefina Vincenz, que dice:"Escribo para mí, no para los demás, y por lo tanto puedo escribir lo que quiera". Con todo lo irreverente que pueda sonar la frase, yo la adopté como mía y eso me ha servido para explayarme sin temores.

Estudié la carrera de Secretaria Bilingüe, pero quien fuera mi maestro de Lectura y Redacción, Profr. Pedro Padilla González me llevó a trabajar como reportera a la casa Editorial GONBER, en donde su dueño GILBERTO GONZALEZ BERUMEN, le abre amablemente las puertas a mis humildes poemas y comienza a publicarlos, en DIÁLOGO, PRIMAVERA Y POLÉMICA.

Emigré hacia los Estados Unidos; en donde me casé y formé mi familia; pero siempre seguí en contacto con mis raíces Mexicanas, y sigo colaborando con la misma editorial y con muchas otras publicaciones, como *PRIMAVERA, SEMANARIO DIÁLOGO, POLÉMICA, LA FERIA, ESOLE, JEREZ - MIEL Y VENENO A LA VEZ, JEREZ AQUÍ Y ALLA, ESCRIBA, NOVENARIO, EL CARGADERO- LA REVISTA.*

He publicado 4 libros, *EL REFUGIO DE MI VIDA, PALABRAS PROHIBIDAS, NO SUEÑES EN VOZ BAJA y UN ALMA ENTERA,*

Los dos primeros títulos, bajo el auspicio del Instituto Jerezano de la cultura, dirigido en su momento por una de mis más grandes influencias, Maestra: Ma. de Jesús Esquivel Reyes, y los dos últimos, obras independientes de su servidora a través de la editorial createspace de amazon.com

También he participado en tres antologías poéticas: ANTOLOGIA POETICA DEL JEREZANO AUSENTE, ésta editada en México, VERSOS COMPARTIDOS en Uruguay, y ALMA Y CORAZON EN LETRAS, en Argentina.

Agradeceré siempre la aparición del Internet en mi vida, pues es gracias a este medio que mi poesía empezó a volar hacia regiones por mí, insospechadas. Portales en la red como mundopoesía, monosílabo, mi blog, mi página de facebook, y todos los grupos literarios que ahí han tenido a bien invitarme a publicar, me han regalado la dicha inmensa de tener comunicación con lectores y Poetas de todo el mundo, lo que me ha enriquecido maravillosamente.

Eternas gracias a Gladys Viviana Landaburo por permitirme formar parte de este lindo proyecto. Gracias a todos los hermanos Poetas por esta bella oportunidad de mezclar tintas.

Este libro, cruzará muchas fronteras, entrará a cada uno de nuestros hogares, y en donde sea que se abran sus hojas, se echarán a volar corazones en busca de un corazón más que se una a nosotros en esta bendita locura que es amar la poesía. GRACIAS.

Sinceramente: ISABEL MIRANDA DE ROBLES

HAS DE DISCULPAR

Me preguntas que cuándo habré de volver a ti
y la verdad sea dicha
me has dejado pensando en la respuesta...
Cuando ocupe quien me tire al suelo
cuando más feliz me siento,
despreocúpate, te buscaré.
Cuando necesite quien me diga palabras
de esas que matan el ánimo y las ganas,
descuida, te llamaré.
Cuando precise de quien desapruebe todos mis proyectos,
y ponga al descubierto todos mis pobres defectos,
segura estoy que habré de hallarte, lo sé.
Cuando me haga falta una de esas miradas que
condenan, queman, inmovilizan
voltearé a ti, ya verás que sí .
Cuando añore a alguien que me reduzca
que dude de mí
y me culpe por todas las calamidades de esta tierra,
serás el primero que aparezca en mi mente
seguro que sí.
Cuando sea masoquista,
cuando no me quiera a mí misma,
cuando no desee ya nada bueno de la vida,
entonces volveré,
por ahora estoy ocupada siendo feliz,
has de disculpar mi falta de prisa por volver a ti...

NUNCA ME DOY POR VENCIDA

Cuando a alguien de mí le hables,
cuéntales
que vencí miedos,
prejuicios y complejos
que rompí el traje que me diseñaron
porque no cabían ni mis alas ni mis sueños,
y a mí siempre me gustaron
los abismos y los cielos.

Diles que no tuve más riqueza
que saber prodigarme tiempo y libertad
para disfrutar lo que yo amo,
porque es el único remedio que conozco contra el veneno
de la tristeza...

Que llegué con las manos vacías,
pero partiré con el corazón lleno de conquistas,
de buenos momentos y sonrisas,
que respeté lo heredado
pero siempre quise aprender por mi cuenta.

Que fui feliz donadora de palabras,
de esas tipo esperanza, amo la vida, yo puedo
y nunca me doy por vencida...

MI ORACIÓN

Costumbre,
no me arranques nunca
el gozo de mis manos
ni de mis ojos.
Rutina,
no me despojes
de la felicidad de mis sentidos.
Hábito, no me rondes;
realidad, ignórame;
perfección, aléjate;
asombro, acompáñame;
sueños, esperanza, fe,
optimismo: protéjanme…

TRIUNFADORA

He triunfado en la vida, lo sé,
porque nunca he odiado a nadie.
Jamás me consideré enemiga
de persona alguna
y mi memoria no me dice
que la envidia
me hiciera presa suya
en ninguna etapa de mi vida.

Si me han odiado a mí,
ha sido gratuitamente
y de esos odios, nadie se salva
Si alguien se ha manifestado como mi enemigo,
confieso que mis méritos para lograrlo
han sido totalmente involuntarios.

Soy triunfadora, lo sé
porque puedo ver el bien
sin ignorar el mal,
porque perdono con toda alevosía y ventaja
para procurar la paz a mi favor,
porque sé que el único veneno que mata
se cocina dentro, no viene de afuera.

Infértil tierra soy para las venganzas,
no me gusta ser combustible de querellas,
y mucho menos aire propaga fuegos.

He triunfado en la vida, lo sé,
porque después de cada lágrima
siempre retorna mi sonrisa...

**YSIDRO PARRA
VENEZUELA**

BIOGRAFÍA

YSIDRO DE JESÙS PARRA MORÀN nace en isla de Toas, Municipio Almirante Padilla, Estado Zulia (Venezuela) el 03 de agosto de 1951. Educador de oficio, ha dedicado su vida a la docencia y a la poesía.
OBRAS ESCRITAS:
Cantando y Aprendiendo con la Décima.
Los dos Rostros de la Iglesia.
Estampas Padillenses
Detrás de la Noche
Letras en la Arena
Con Rayos de Luna
Tierra que Deja Huellas
Memoria y Voces de la Revolución
OBRAS PUBLICADAS:
Antologìa Poética de la Décima Isleña
La Última Cosecha (02 tomos) publicada en Uruguay por haber ganado el primer lugar en el concurso de poesía de Versos Compartidos "MI LIBRO"
RECONOCIMIENTOS:
Portador del Patrimonio Cultural Inmaterial del Zulia
Maestro Honorario: Título otorgado por la Universidad Experimental de las Artes (UNIARTES)
Orden "Gran Cacique Nigale" (Única Clase)
APARECE EN LAS ANTOLOGÍAS:
Tributo a Delfina Acosta
Los 5 Elementos
Antologìa dedicada a Rubén Darío en sus 100 años
El Mundo Infantil en Rimas
Jurado en México en un concurso internacional de poesía

EL PERDÓN

Se pide a Dios y a los Santos
perdón por una blasfemia
y a veces Dios nos lo premia
salvándonos de quebrantos.
Pedimos perdón con llanto
a nuestro hijo más querido
al cual hemos ofendido
con hechos y con palabras,
¡Tierra a mis pies no te abras
que yo perdón he pedido!

Pide el hombre a la mujer
perdón por una traición;
porque su mal corazón
se fue con otro querer.
Perdón pide cualquier ser
con sentimiento sereno,
lo pide todo hijo bueno
y las esposas amantes,
lo piden los adulantes
y los que roban lo ajeno

Lo pide la niña ingrata
que su inocencia ha perdido,
por pecado cometido
lo pide la vieja beata.
También lo pide quien mata
a un ser sin haber razón;
y hasta el pillo y el bribón
lo piden en su sentencia,

y hasta los hombres de ciencia
tienen que pedir perdón

Los políticos lo piden
por todos sus desafueros,

lo piden los agoreros
y los que en algo reinciden.
Lo piden los que deciden
entrar a guerras seguras,
lo piden también los Curas,
el Papa, los Cardenales,
y los que pueblan de males
al mundo con sus locuras.

NO AL ABORTO

Yo no puedo comprender
lo que al mundo está pasando
que niños estén matando
meses antes de nacer.
La culpable es la mujer,
el médico, la enfermera,
la comadrona o partera
ayudantes en el hecho
y cual si fuera un desecho
lo botan de mal manera.

¡No es ningún tumor maligno!
lo que en el vientre se tiene,
es una vida que viene
de Dios espíritu y signo.
no es un pecado, es muy digno,
tener un hijo es dar luz,
es semejar a Jesús
porque si se fue mujer
para buscar el placer
¡Que cargue su bella cruz!

Quien aborta es homicida
porque con su bajo instinto
no es un criminal distinto
¡A un niño quita la vida!.
O se convierte en suicida
ya que se puede morir,
¡Mujer, salva tu existir!
con sentimiento profundo,
y dale una luz al mundo
dejando al niño vivir.

Pido a todas las mujeres
en esta décima pura,
no busquen la sepultura

después de encontrar placeres.
Hay querencias y quereres,
alegrías y pesares,
y hay Santos en los altares
a quienes pueden rezar;
¡Porque abortar es pecar
con todos sus avatares!

EL LIBRO

Fuente de sabiduría
que bañas nuestro entender
y que haces florecer
la esperanza y la alegría..
Eres camino que guía
el sendero de quien te ama,
eres la lengua que clama
del hombre la pertenencia,
eres luz, eres presencia ,
de todo aquel que te llama.

Eres un árbol de vida
con hojas por compañía,
frutos de sabiduría
brindas al hombre enseguida.
Eres consuelo en la herida
del poco conocimiento,
cicatriz que en un momento
cierra sin marcas dejar,
espacio para buscar
ideas y complementos.

Poderoso en el saber
y llenas cualquier vacío,
y en el pensamiento mío
eres un humano ser.
Cauteloso en el deber,
siendo siempre predecible,
maravilloso y creíble
siempre sueles presentar

todo lo que va a buscar
el que te hace imprescindible.

No se confunde la Historia
ni tu basta Geografía,

cuando tu Filosofía
forma parte de tu gloria.
Y camina en mi memoria
tu cultura general,
la belleza natural
de tu fauna y de tu flora,
y de la lengua atesoras
conocimiento genial

De los números su esencia
siempre das a conocer
y brindas con tu saber
la savia que hay en tu ciencia.
Y con tu gran elocuencia
entretienes y diviertes
y cada día es más fuerte
tu presencia placentera,
tu ausencia me desespera
y el tenerte es una suerte.

A LA ESPERA

Sembró un niño una semilla
y con amor la regó
hasta que un día nació
una planta muy sencilla.
Decía: -¡Qué maravilla!-
pronto empezara a crece
y así yo podré tener
sombra, frutos y madera,
no será mucha la espera
para sus frutos comer.

Crecía con los cuidados
que le brindaba aquel niño
que regaba con cariño
el lugar de su sembrado..
Y aquel niño enamorado
que parecía tener
poder para mantener
su vida y su crecimiento
esperaba el buen momento
para sus frutos comer.

Muy alto y fuerte crecía
como mirando hacia el Cielo
donde pájaros en vuelo
festejaban de alegría..
Aquel niño merecía
la dicha de poder ver
que tan solo con tener
la paciencia de los años

muy pronto tendría tamaño
para sus frutos comer.

Un día con muchas flores
el árbol amaneció,
con eso al niño anunció
el pago de sus favores.
Y al tiempo, sin más temores
él miraba con placer
que el árbol de su querer
lleno de frutas estaba
y él con cautela esperaba
para sus frutos comer

FABIANA PICEDA
ARGENTINA

BIOGRAFÍA

La señora Fabiana Piceda nació en la ciudad de Santa Fe, aunque vivió casi toda su vida en la ciudad de Las Toscas. Su padre fue Atilio Piceda y su madre es Élida Delssín.

Es Profesora para la Enseñanza Primaria y profesora de Piano, Teoría y Solfeo. Actualmente trabaja como docente en la escuela primaria de la localidad de Florencia, donde reside actualmente, con más de 25 años de antigüedad en la docencia.

Ha logrado premios en foros

internacionales de poesía: "Monosílabo" (del cual es jurado y moderadora de Poesía Infantil), "Poetas Universales, "El Rincón del Poeta", "Unipoesía", "Universo Poético", "Rimando" "Mundopoesía" "Poesía pasar el alma" "Sabor Artístico" y además participa en otras páginas literarias.

Ha obtenido una mención honorífica por sus trovas en los III JUEGOS FLORALES del Balneario Camboriú / SC-TROFEO - Rodolpho Abbud.

Obtuvo una "MENCIÓN HONROSA" en el Concurso "20 Poemas para Chile" en setiembre de 2013.

También tiene un blog personal llamado Poetimundo.

Sus poesías son leídas en radios de la región del norte de la provincia de Santa Fe y en varias radios de Internet.

Escribe variados tipos de poemas, poesía clásica y libre, algo de literatura infantil, cuentos, prosas, inclinándose más por la poesía clásica y rimada.

Participó en la Antología "11 autores buscan lector" (Resistencia Chaco) año 2009

"Poemas por Palestina" Antología en beneficio del Pueblo Palestino año 2009 y

"Versos para compartir" de la autora- Febrero de 2009 "Cuadernos TELIRA" poetweets o poesía esloganizada (poemas de 140 caracteres) de Aranda del Duero. 2011

"Tercera antología Amanecer Literario" de Círculo de Castilla y León de Barcelona. 2011

"Las Cortesanas de la Poesía: Entre la cocina, los libros y la alcoba" (Del Alma Editores).

"El Eco de las Musas: Solo Poesía" (Del Alma Editores)

"Sueños & Secretos: Cuento & Poesía" (Eco Editorial Argentina)

SIGUE A TU CORAZÓN

Aún cuando todo te parezca oscuro porque ha muerto en tu alma la ilusión, en los momentos tristes, sin mañana, sigue a tu corazón.

En las mañanas solitarias, En esos días mustios y fríos.

Cuando el invierno llegue a tu vida y los años te marchiten el rostro.

Siempre es tiempo de renovar la esperanza y la utopía,

aún existen seres bondadosos, dispuestos a darte un poco de amor.

Verás que en el mundo todavía es posible la paz, la verdad, el amor fraterno.

Un paraíso terrestre te espera, mira todo con ojos de niño

y camina confiado, guiado por tu corazón.

POR LA PAZ

Por la paz rezaré con toda
el alma, no bajaré los
brazos

en la batalla por encontrar ilusiones nuevas.

Sé que la esperanza
muere y el sol se
oculta con temor,

pero con solo ver sonreír a un
niño Dios me dice que hay
otra oportunidad.

Por la paz gritaré, si es
preciso, derribaré las
puertas del odio

y plantaré la bandera de
la paz en el corazón de
los poderosos.

Caminaré con mis versos a
cuestas y los regaré por
todo el mundo,

para tratar de convencer conciencias.

Por la paz moveré los muros del
silencio, derretiré el hielo de las
mentes frías, cosecharé todas las
risas que aún quedan dormidas
en las ciudades,

para repartirlas entre
aquellos que han
perdido la ilusión

y las ganas de
vivir.

Por la paz seguiré
luchando sin armas
de guerra,

tan solo con la
palabra porque
es lo único

que poseo.

MUJER

Mujer,
trabajadora,

a veces no valorada ni
protegida, tus manos
cansadas y débiles piden
auxilio…

Desde la oscuridad de
un cuarto tus ojos miran
con angustia, todavía
hay duros corazones
que matan tus sueños,
condenándote a vivir

en el vacío de la soledad.

¡Renueva tu fe!

Rompe esas cadenas
oxidadas por la
tristeza y el
desamparo, derrite las
barreras del tiempo
con el calor de tu
espíritu, que aún
tiene ilusiones.

Ve a rescatar las promesas

de ese nuevo mañana que te
espera… Siempre es posible
resucitar la alegría, apostando
por un futuro distinto,

ese que siempre has merecido

y está a la vuelta de tu esquina…

EL AMOR

El amor es un fuego que me quema,
una brasa infinita que me arroba,
y en mi sangre suscribo como lema:
proclamar el precepto de mi trova.

"Ama el campo, la flor, la fe suprema,
ama a niños y grandes, sé la loba
que protege la vida, sé diadema
que incluye a todo ser y todo innova".

El amor no se irá, vendrá colmado
de ilusión, mi jardín vestirá terso.
Y otra vez en mi sueño enamorado,

sin dolor, volará por mi universo.
Ya lo siento latir, y está instalado,
es la fuerza perpetua de mi verso.

MARÍA CRISTINA RESCA
ARGENTINA

BIOGRAFÍA

María Cristina Resca, (Mariesca), es Chaqueña, reside en Resistencia, ciudad en la que nació.
Es escritora, poeta y editora. Tiene cinco libros publicados;
Poemas al viento; Apasionada; ¡¡¡Hola!!!; Caminando relatos y Fuego en el alma.
Miembro de la comisión directiva de SADE Filial Chaco,
participa en numerosos encuentros de escritores y poetas latinoamericanos e internacionales en diferentes provincias.
Es miembro de cientos de Grupos en Facebook. Dueña de ocho Páginas; Flashes de vida; Amor, siempre amor; Reflexionar ayuda; Desafío del Amor es poesía; Cambalache; Mariesca Poeta;
Pasión y erotismo; Hoy cocinamos, y un grupo llamado
El Amor es poesía con más de setenta y dos mil integrantes.
E mail: honey4@hotmail.es
Twitter: @Mariesca49
Skype: mcristinaresca1

COMENZÓ EL OLVIDO

No voy a nombrarte
ni siquiera a pensarte,
porque con solo recordarte
ya tengo bastante.

No quiero tristeza
empañando mis ojos,
ni nostalgia
que robe mi sonrisa.

Hay palabras que ya sepulté,
no voy a traerlas de nuevo,
mucho me han lastimado
y prefiero olvidar.

No hay espejismos
que vivan por siempre,
con cerrar los ojos
dejan de existir.

Al cerrar el corazón
cierras la historia
y comienza el olvido,
nace algo nuevo.

TE PIDO...

Ámame en la distancia,
ámame en las noches,
ámame en los días,
ámame como siempre
lo hiciste...
Llévame en tus pensamientos,
en tu corazón,
en la luz de tus ojos,
en los pliegues de tu piel,
en la fantasía de tus sueños...
Recuérdame a cada instante,
cuando te sientas solo,
cuando me extrañes,
cuando cae la lluvia,
o el calor humedece tu cuerpo...
Nunca olvides,
que te amo más allá
de la razón,
que tu lugar aguarda
por ti,
que seguiré esperando
tu ansiado regreso.

AUNQUE...

Aunque la noche
oscurezca mi cuarto...
la soledad enfríe
mi lecho...
y no tenga tu calor
a mi lado...
traeré los recuerdos
de tantas noches vividas,
para dormirme
en tus brazos
y sentirte conmigo...

UN ESPEJO TAPADO...

Tengo tantos fantasmas
que viven ocultos
y quieren ser descubiertos.
Son partes de un pasado
guardado en el fondo del tiempo
esperando que llegue el olvido.
Cada vez que miro el espejo
veo reflejos de aquel amor
llamando a las puertas de mis ojos.
No quiero traerlos, ni recordar,
evito mirar viejas imágenes
que tanto dolor me dejaron.
Por eso tengo un espejo tapado,
una ilusión incompleta
y un amor enterrado.

PERLA RIVERA
PUERTO RICO

BIOGRAFÍA

Perla Iris Rivera nació en Santurce Puerto Rico. Posee un bachillerato en Comunicación Pública de la Universidad de Puerto Rico y un Juris Doctor de la Universidad Interamericana de Puerto Rico. Trabaja como Abogada del Departamento de Justicia. Comenzó a escribir poesía en marzo de 2014. El amor de pareja, la injusticia social y el recuerdo de sus amados padres ya fallecidos son su principal fuente de inspiración. Su cuento Elegía fantasmagórica fue publicado en la Antología Sueños del Cajón y varios de sus poemas en las Antología Divertimento 2 y Flores silvestres. Sus poetas favoritos son Pablo Neruda, Alejandra Pizarnik, Mario Benedetti y Julia de Burgos.

MADRE

Te busco en mi pentagrama
convertido en cenizas por la pena
tu silencio encontrará mis letras
en el acorde de tus pupilas
tu vibrato engulle
el puente de mis añoranzas
el alma de mis dedos
tragados por la ignominia
ya no vuela. . .
Está en pausa.

ESPEJOS

Noche de espejos
escasos reflejos
penumbra
misticismo
maniquíes
alta costura
ensueño,
Subyacen deseos
sucumben en copias
en reflejos
en versos inéditos

ENIGMA

Intento descifrar lo indescifrable
simplificar la complejidad de lo existente,
separar lo tangible de lo intangible
lo concreto de lo abstracto
Y soslayar lo insoslayable
en este imaginario real que a mi travesía inconclusa
quiere hacer naufragar.
Zozobra mi barca que se encalla en mi memoria trunca
Y revienta en las rocas que se desangran
en el arrecife de coral.
Se desdibuja la ruta y se pierde en el horizonte infinito
Pero la brújula no reconoce si hay mapa, ni indicadores, ni
resultado de variables, axiomas y teoremas o una historia con un
interminable final.
Poco a poco me hundo en la erosionada
orilla y vago flotando en la superficie de la bioluminiscente
profundidad.
Pero mis interrogantes y mis dudas quedan en el vacío,
se quedan sin contestar,
Y qué importa porque al final de todo mi existencia es la nada en
un mundo de absurdos paradigmas,
signos de ambigua lectura,
en un cosmos insensato, restrictivo
y de una irrestricta soledad.

ACORDEÓN Y TANGO

Tengo la inspiración lenta
apenas divagan mis letras
Mi tinta se seca
está mi alma en tinieblas
Traspasado por un puñal está
el pentagrama de mi conciencia
Mi pecho es un nido de espinas
carcomidas por la agonía
tragadas por la pena.
Mi acordeón llora
un tango de medianoche,
en terceras y acordes,
en quintas, corcheas, fusas,
sostenidos y bemoles,
Todo. . .
acabó en diciembre.

REDENCIÓN Y ESPERANZA

Soy ciudadana del mundo
nací en Puerto Rico
país del Caribe
Latinoamericano
Y con mis letras hoy rindo
un tributo
a las abuelas de la Plaza de Mayo.
La Nación de Argentina
la del gran Buenos Aires
la de la milonga
la del gaucho
la de la Patagonia
La de las Cataratas del Iguazú
la de Santa Fe
la de Misiones
la del tango
la del Calafate
hogar del Perito Moreno
bebiste del nefasto veneno
del Operativo Independencia
de la Operación Cóndor
del intervencionismo extranjero
lloraste al Tucumán devastado
que vio cerrar sus ingenios
y en su miseria verter sabor amargo.
El Tucumán de la guerrilla
que emuló al Che Guevara
muerto en Bolivia
nacido en Rosario.

Como soy humanista
me es prohibido olvidar,
la ignominia de la dictadura
de la bota militar
que calló las voces

con desaparición, muerte y tortura
de una casta pura, obreros, estudiantes,
jóvenes, ancianos, académicos,
líderes de sindicatos
La que arrancó del seno materno,
a miles de infantes desapareciendo a sus padres
para entregarlos a extraños.

A los acordes de un bandoneón solitario
hoy quiero cantar
A las Madres hoy Abuelas de la Plaza de Mayo
las del pañuelo blanco
las de la fe sin quebranto
que hoy abrazan a sus nietos adorados.
La historia las reivindica y cada hijo latinoamericano
les presenta un respeto
y les extiende un abrazo.

TU RECUERDO

Mi corazón es un manantial en penumbras
que a ciegas susurran tu nombre
que baila un valse al compás de tu recuerdo
que deshoja los claveles de mi inspiración
en sequía.
Te recuerdo madre
Elegía de mi espíritu
pentagrama de mi conciencia
interpreta tus melodías de Latinoamérica
en mis sueños
declama los versos de Llorens Torres
Y José Martí
en mis tardes de nostalgia
arrópame con tu rostro
cada noche
al tirar un beso a las estrellas
en reclamo por tu abrazo.

MANUEL SALINAS
ESPAÑA

MANUEL SALINAS (Granada).ESPAÑA.

Licenciado en Filología. Doctor en Filología Románica. Ha trabajo como Catedrático de Lengua y Literatura españolas, publicando los libros de poemas: "Edelvira", (1975), "Los espejos fingidos" (1985), "Esplendor de la tristeza" (1984), Zulo de noviembre" (1988), "El mar en los hangares" (2004). "Viviré del aire" 2013.

La revista ABRIL de Luxemburgo recogió parte de su libro "Viviré del aire", que fue publicado posteriormente en Estados Unidos íntegramente (2013), donde fue galardonado como mejor libro en lengua no inglesa, libro que publicaría en España la editorial Vitruvio, de Madrid , en el 2014.

Actualmente escribe un libro que se titula: "Y portuguesa el alma", del que ha editado una parte "la Casa Gerard Brenan" de Málaga (2015). Actualmente están en prensa sus libros: "Y portuguesa el alma" en la editorial "Entorno Gráfico" y "Música hilada" en la colección "Genil" de Granada.

Ha publicado en revista de reconocido prestigio nacional y participado en jornadas literarias y lecturas poéticas organizadas por el Instituto Cervantes (España), el Ministerio de Educación y Cultura (España) y el Centro Andaluz de las Letras de la Junta de Andalucía. Su obra es recogida en diversas Antologías nacionales e Internacionales.

Ha sido colaborador de Radio Nacional de España y director de la colección de poesía "Solarium" (Papeles de poesía), la revista "Tanit" (Materiales para la Cultura). Actualmente dirige la colección de poesía, "Puerta del Mar", de la Diputación de Málaga, ciudad donde reside desde 1978. Ha sido nombrado, a propuesta de por los escritores norteamericanos, "Miembro Destacado" de Creatividad internacional.

(Más datos se pueden encontrar en su blog:

http://ningunanubeesinutil.blogspot.com.es

ABRIL ES UNA HERIDA

Una hoja de oro se ha perdido
con la gloria y el miedo de quebrarse;
siempre es corta la primavera. Pero
un día fue la música, la claridad,
un carmín futuro y un futuro verdor.

Una hoja de oro despierta el prodigio,
vuelve a la noche, no encuentra
la rama, ni la alegría de ser
—abril es una herida —, huido
aroma de la hermosura del mundo.

Tienen nombre todas las hojas.
Piadosa la verde hierba
acoge el deseo de vivir
en tierra, para mirar el cielo.

LOCUS AMOENUS

La mayor aventura
sucede dentro; abre los ojos dentro: la vida,
su claridad inaceptable, una luz resuelta
en aromas dentro, sólo un sol, un sol
de una patria remota, derramado y nuevo,
todo es nuevo: la esperanza, la alegría, la verdad
o la mentira que llevaba dentro. No hay
otra isla perdida sino la infancia. Venga la primavera,
venga la palabra a encender el maravilloso
desorden de las cosas, su murmullo animal y caliente
de selvas y desiertos; de rutas de la seda y fuentes
del Nilo; de estuarios del Amazonas y deltas
del Mekong. Dentro es más alta la noche,
los ojos, la luz. Dentro.

FATA MORGANA

Nada es más real que un sueño.

Todo, azaroso triunfo. Y la vida,
breve brisa, nos lleva
a mirar los alcores y los libres vilanos nevados.

Nada está donde estaba. Era aire:
luz. Tan cierta la luz. La luz aquella.

Todo, por llegar, lo mirarán tus ojos:
república de viento.

PIEDRA VIVA

Para Antonio Carvajal.

Es la inocencia la única verdad, asombro
que da sentido al mundo, milagro
del dolor que rinde su fruto azul, guirnalda
donde el aire florece. Y la rosa,
siempre rosa, y la hormiga, hormiga siempre.

Es entrega la inocencia, tapia del paraíso,
agua desgajada de la más alta luz; la belleza
duele en pleno gozo, en pleno
canto, sin pauta, aguda y grave
herida, siempre herida, rosa, rosa siempre.

Es lugar sagrado la inocencia, audaz ruiseñor
que, entre dragones amarillos, apaga el miedo,
libre de perderse, de ser hallado, libre; cielo,
hondo cielo, cielo siempre. La belleza
es verdad sólo si duele.

SANDRA SANTANA
PUERTO RICO

BIOGRAFÍA

Nació en San Juan, Puerto Rico. Posee un bachillerato y maestría en Administración de Empresas, con concentración en Contabilidad, de la Universidad Metropolitana y la Universidad Interamericana, respectivamente. Posee, además, una maestría en Creación Literaria, con concentración en Narrativa, de la Universidad del Sagrado Corazón, de donde obtuvo la Medalla Pórtico, que otorga la Universidad por excelencia académica, en mayo de 2012. Actualmente cursa estudios en el programa doctoral de Estudios Hispánicos de la Universidad de Puerto Rico.

Trabajó en el gobierno de PR como contadora-auditora por los últimos 18 años. En ese tiempo se destacó como líder sindical y presidió la Unión de Contadores y Auditores Externos de la CFSE.

Coautora del libro Vivir del Cuento, la primera antología de estudiantes de la maestría en Creación Literaria, publicada en enero de 2009. Sus cuentos y poemas han sido publicados en varias antologías: Fantasía Circense, 2011; Revista Inopia, vol, 1 y 2; Mundillo, autoras de PR y Argentina; La ruta del cuento; Jíbaro Soy; No cierres los ojos, antología de horror y terror, 2016; Micrófono Abierto (poesía); Di lo que quieres decir, antología de siglemas, 2015 y 2016; Latitud 18.5, Antología de la primera década de la maestría en Creación Literaria, publicada en diciembre de 2014. Su primera novela será publicada próximamente.

Moderadora del taller virtual Taller Poesía de ciudadseva.com desde 2014. Fue presidenta de la Cofradía de Escritores de PR en el año 2014-15. Actualmente es presidenta de la junta de directores del PEN de Puerto Rico Internacional 2016.

Es, además, productora y conductora del programa radial Foro Social, de la Central Puertorriqueña de Trabajadores y la Coordinadora Unitaria de Trabajadores del Estado, desde marzo de 2012. Se transmite por WIAC 740 AM, todos los miércoles a las 3pm.

Correo electrónico: sandrasantana730@gmail.com.

SOBRE LA SOLEDAD

La soledad es un león enjaulado
Que se ahoga en su propia rabia
La soledad es la selva que lo extraña.

La soledad es la mirada de un perro triste
resabio amargo en la boca seca
dolor de hambre en las entrañas.

La soledad es el hueco vacío en la mano de un mendigo
un mendrugo de pan rancio en la basura
la sed que nunca hallará un vaso de agua.

La soledad es un trapo sucio
un paraguas roto
un zapato que aprieta.

La soledad es una ventana tapiada
la nube que tapa el sol y te deja a oscuras
un árbol atravesado en el único camino que tienes delante.

La soledad es la copa vacía
que espera por el milagro.

A GUATEMALA

Que me alcance el sueño ancestral
En tierras mayas
Que me envuelva en aura de milenios
Que reconozca en otros ojos
La eternidad tan nuestra
La verdad sagrada
La gracia divina
Que entienda lo que soy
Una con ellos
Parte del todo indivisible
Un espíritu en la carne de la humanidad
En un mundo que atestigua nuestro paso por los tiempos
Que me alcance la vida de mis hermanos
Su sangre, que es la mía, me hable
Sus manos, que crean belleza, me toquen
Que me cante su dialecto el poema que todos conocemos
Pero que ya no recordamos
Que las leyendas antiguas vuelvan a sonar en mis oídos
Y me hagan sonreír
Y descubrir la ciencia que se nos ha ocultado
Que mi nahual sonría
Mientras me acompaña con infinito amor
Que despierte del sueño ajeno
Que vuelva a mis raíces.

NADA

Yo fui esa nota al calce en tu agenda tan cargada
El último punto en tu lista de prioridades
La pluma que sobraba en tus enormes alas
El papel en blanco que ignoraste
Yo fui esa copa que apuraste muy de prisa
La recipiente de tus lisonjas
Cuando te acordabas
Con todo y eso te quise
Me desgasté queriéndote
Intentando que me quisieras
De tanto esforzarme me crecieron espinas
Ya iba secándome por dentro
Entonces me nacieron las ganas de ser libre
Y volé
Hace mucho tiempo que me fui
Y tú
Tú quedaste en el lugar
que mejor te sienta
en el recuerdo
porque tú estás hecho
de silencios
de vacíos
y de nada.

HACIA EL FINAL DE LA VIDA
(A mi madre)

Hacia el final de la vida iré ensayando el adiós
Un poco cada día, despacio
Como quien da los toques finales a su obra maestra
Me iré desnudando de afanes
Me descalzaré de prisas
Mis ojos abandonarán los temores que tantas veces
Ocuparon el lugar del sueño
Cuando vaya cerrando este ciclo
Y preparándome a emprender el viaje definitivo
Todo perderá su importancia
Todo, menos los ojos que me miran compasivos
Y en los que me miro desde el lecho
Nada será más importante que las manos
Que asean y alimentan mi cuerpo abatido por los años
No habrá tesoro más preciado que la voz dulce
Que me dice que me ama
Hacia el final de la vida
Todo perderá importancia
Todo, menos el amor.

NANCY SANTIAGO TORO
USA

BIOGRAFÍA

Nancy Santiago Toro nació en la ciudad del Bronx, New York. Es hija de padres puertorriqueños.

Siendo apenas una niña, sus padres se trasladan a su tierra natal Puerto Rico, y es en el pueblo de San Germán donde recurre su infancia.

En San Germán, mejor conocida como la Ciudad de Las Lomas cursó estudios mercantiles en la escuela secundaria Lola Rodriguez de Tió y más adelante ejerce estudios universitarios en la Universidad Interamericana de San Germán, obteniendo su Bachillerato en Finanzas.

En el año 1996 se traslada a la ciudad de Orlando, Florida donde fija su residencia, y para el año 2006 comienzan sus inquietudes literarias cuando incursiona de lleno en las artes de la poesía.

Su afán de perseguir nuevos sueños y metas la llevan a fomentar su carácter espiritual y poético, y como resultado obtiene consecutivamente en el año 2008 y en el 2009 un cuarto y tercer lugar por su destacada participación como poetisa en el Primer y Segundo Certamen de Poesía de la Asociación de Poetas y Escritores Hispanos (AIPEH), en Orlando, Florida. En agosto de 2009 obtiene el primer lugar en el Certamen de Poesía de Pura Vida Costa Rican Association en Tampa, Florida. Poemas tales como Romance del sol y la luna, Soy, Tus besos, Aventura son algunas de sus obras reconocidas. Otros poemas integran en las antologías poéticas Años Maduros y Caminos Inciertos del Ministerio de Cultura de España y páginas de internet.

Su obra puede encontrarse en: http://www.nancysantiagotoro.com

ECO DE AGUA

Solía decir la llaneza de las cosas,
las de la carne hechas de caricias,
las de suaves tulipanes y narcisos,
la del leño en fuego,
las de humedad de jungla
y esas sin cordura que son de sangre
y hacen temblar la compostura
cual si fuera el de un ramaje
por entero estremecido.
A veces susurraba un horizonte solitario,
otras acercaba el arrebato del gentío,
en ocasiones su páramo nostálgico
con algo del verdor de los caminos.
Germinaba en él un tono de mañanas,
hablaba las ideas sin resistir el ruido,
logrando la fuerza abierta del oleaje
y el bullicio del rumor en mis oídos
que en revueltas se iniciaba entrañable
con la ya existencia del recuerdo mío.
Contagiaba alguna rebeldía a su vocablo
al compartir lo clásico de la vida;
símbolos de ajenas circunstancias
que logré guardar en mis sentidos
para revivir la convergencia de palabras,
unas con otras en giratoria algarabía,
hasta que tomaron un rumbo de infinito
en blanco y el acento de su voz baja
se fue haciendo distancia enmudecida.

Ya no se escucha la mente alborotada
ni las fatigas de las sonoras risas,
ni el canto aquel de los pensamientos
que flotaron en la escena,
adquiriendo paisajes y sonidos.
Ahora solo se oye un eco de leve lluvia
enredado en el cenizo de un nosotros,

cuando una lágrima colgada de sus ojos
se viste con el agua de la mía.

ÉL
NO LO SABE

Tras él va mi andadura, tras el avance de sus pasos,
mi paisaje es a la espalda de su distante movimiento,
aún así en cada luz rasante de su estela yo me abrazo
y en cada sombra ladeada de su cuerpo yo me entrego,
en su marcha a solas le sigo y no lo sabe,
mas mis huellas lo pueblan en secreto
y se aventuran, con el cómo o hacia el dónde
o hasta cuándo será este recorrido de futuro incierto.
Mas soy la rosa, el crisantemo o la magnolia,
mis raíces hacia él no saben de regresos,
mi fragancia como eco de mi ser llega a su lado
con grácil alborozo en el aire fresco,
si a veces no la percibe en algún recodo
es porque se pierde entre las nieblas del invierno,
ese trecho de tiempo pálido y solitario
que no perdona fragilidad de pétalos,
nos priva de rutas al transitar su blanco
y con su lengua de escarcha en el descenso,
nos lame con su frío, de golpe nos apaga
hasta que rebrota otra primavera y vencemos.
De nuevo él se viste de color ante mis ojos,
en lo plano y en la hondonada del trayecto
y le sigo hasta en los desvíos de la vida, no lo sabe,
pero la inflexión de su rastro engendra otro sendero,
donde siempre llega la congoja del verano,
pero aún así sigo tras el nombre de mi sueño.
Trazo su cuerpo con luminosidad en lo sombreado,
en su mirada logro la irisación cuando me acerco,
en su pensamiento descanso y me desnudo
cuando el crepúsculo con su roce amarillento
repite su ardiente guiño en la vista del otoño
para unirnos en el roce impúdico de un beso;
gesto que aviva el ámbito total de nuestro mundo,
cuando deja su arrebato de hojas sobre el viento

y me uno a su danza, nos mezclamos y sin él saberlo
somos un remolino de recuerdos amándose en el suelo.

ESA CALLE DONDE VIVES

Esa calle donde vives ha ensayado
tantas veces mi trayecto,
sin huellas, hasta la puerta de tu casa,
lo has recibido y me has pasado
hasta el hondo escenario de la sala
con la apetencia de tus ojos,
con la emoción, sin titubeo.
Y has abierto en tu espacio
las dos ventanas blancas,
las vestidas con organza por tus dedos,
para atisbar en lo profundo
y con la luminosidad del alba
los silencios cicatrizados por el cuerpo
y fijando tu mente en las zonas más calladas
tus palabras han dicho
con soltura, "ven, pasa...,
ya esperaba desde siempre este momento".
Me has tomado de la mano y tu caricia
han inquietado cien veces más los nervios,
quizá por pensar que la brisa en la cortina
ha sido el roce en mi cara de tu primer beso,
pero como si lo fuera,
te he seguido hacia la mesa de la cita
y allí, frente a frente,
se han cruzado los recuerdos,
y el pecho doblemente ha sentido la distancia
de la vida que no regresa jamás el tiempo.
Mojadas han quedado las trémulas sonrisas
con la llovizna que surge más adentro
y las miradas sujetándose empañadas,
mientras el mantel recoge
el leve roce de su afecto.
De repente, un café entibiando los caminos
que no recorrimos desde el inicio para vernos,
entretanto la brisa que juega
sin parar en la ventana,

abre de par en par la puerta,
para que veamos la calle..., vacía,
atrapando la quietud en las esquinas,
mientras un paisaje, a solas,
ensaya nuestro habitual encuentro.

HAY UNA CALLE...

 Hay una calle...
desde el albor hasta la noche,
continua, sin medir su alcance
al buscar tu incógnito sendero,
inacabable como línea
que se incorpora al mundo,
llena de una áspera distancia
cuando de ella estás tan lejos.
Curvas formas que tienen la rutinaria
vestimenta del luto ante la aurora,
por prescindir de tu paso en su trayecto.
Hay una calle... abierta
entre alturas y hondonadas,
desde mi ventana la contemplo
inmóvil, en su largo aparenta
ir sin frenos, zigzagueando
su negra cola en lo lejano
y sin saber hacia dónde entre los cerros.
Se extiende con acento de roca
por los quietos lagos, intenta
encontrarte en sus silencios,
mas sin nada prosigue su paisaje taciturno
por letárgicas colinas y barrancas,
con la callada partida de los muertos.
En mis ojos es como una honda grieta
posible entre nubes blancas,
es raíz parduzca que va rasgando el cielo.
No obstante, se tiende en el regazo
de los valles que parecen bisbisar
con los ríos, con el viento
y solo halla el lenguaje de esas cosas
que tiemblan dentro de un azul discreto.
Penetra en los vacíos de algún modo,
rebuscando entre neblinas tu reflejo
y más se pierde...
como cicatriz negra en solitario,

hasta que la lluvia vuelve
con visita de nostalgia
a ser compañera en movimiento,
que pudiera ser su lagrimal sin pausa,
entretanto se disipa su silueta
en otro espacio. Mas siempre veo
a una calle hacia adelante,
desde otra mañana hasta el ocaso
como un rastro de ceniza
que asciende, huyendo de esta tierra
hacia ti con temprana ruta sin regreso.

JOSÉ GERARDO SANTOS VEGA
PUERTO RICO

BIOGRAFÍA

Poeta guayamés perteneciente a la Liga de Poetas del Sur desde el 2010. Es lector asiduo de la poesía de Fernando Pessoa, Roberto Juarroz, Juan Gelman, Mario Benedetti, Oliverio Girondo, Juan Ramón Jiménez, Jaime Sabines, entre otros. En narrativa gusta leer a Italo Calvino, Herman Hesse, Franz Kafka, Augusto Monterroso, Ana María Shua, Eduardo Galeano, Clarice Lispector, Susan Sontag y filosofías orientales como el taoísmo y el budismo zen. El microcuento, es otra de sus pasiones literarias como lector y escritor. De profesión bibliotecario, la cual ejerce desde el 1996.

Ha participado en los siguientes proyectos literarios :

Primera Antología de la Liga de Poetas del Sur en el 2013.

En el 2014 publica su primer poemario ***El Libro de las Olas***, en el cual trabaja la poesía japonesa conocida como haiku. El sábado 25 de abril de 2015, presentó dicho poemario en el Restaurante 100 x 35 en Guayama, Puerto Rico.

El Círculo Literario Antonio Ferrer Atilano de Salinas, Puerto Rico le invita a fungir como jurado de poesía en su Segundo Certamen de Escritura de Cuentos y Poesía, laudo celebrado el miércoles 29 de abril de 2015.

En 2015, ***Divertimento II : Antología Poética*** a invitación de Miguel Angel Zayas y Jeanette Cabrera Molinelli.

Cada julio desde el 2014, colabora en la Noche Poética del grupo juvenil comunitario Convivencia Ambiental, iniciativa de educación ambiental y de sostenibilidad con base en Salinas, Puerto Rico.

Participa activamente en las páginas literarias de Facebook : Haiku en Español, en la Sociedad Boricua del Haijin y Aforistas Boricuas estas dos últimas son iniciativas creadas en 2015, por su amigo y colega, José Alfredo Padilla, poeta caborrojeño.

AHORA

Antes no será,
aquello tan incierto
como lejano.

Horario muerto,
en cualquier calendario
de hojas mustias.

Oponerse es
dar vueltas a la noria,
gato tras rabo.

Regresar siempre,
a las cuerdas precisas
cual relojero.

Antes pensaba,
pero si niego sentir
ahora pierdo.

Nota aclaratoria: El siglema es un poema derivado del haiku, 575 creado por la poeta venezolana radicada en Puerto Rico, Patricia Schaefer Röder. Cada estrofa se inicia con la letra inicial del concepto, puede contener tantas estrofas según cuántas letras contenga el mismo, como en los acrósticos.

LIBROS

Lector, no tienes
que ser el más letrado,
te dejas llevar.

Intensamente
hasta el final, tal vez con
algunas pausas.

Borges, recuerdo
aquella cita suya,
leo y soy feliz.

Regresa siempre
la imagen con su sabor
a letra viva.

Otros mundos más
humanos encontramos
en las páginas.

Sin mucho ruido,
renuevas tus neuronas
leyendo libros.

LIBROS II

Los libros por leer
a veces se nos pierden
entre anaqueles.

Insistimos en
recomendarlos pero
los olvidamos.

Borran sus letras,
inexplicablemente
cambian sus tramas.

Ríe si quieres,
una vez eres lector
hasta tu muerte.

Objetos de luz
y de todo tormento
encuadernados.

Siglos y siglos,
prohibidos a muerte
no son un lujo.

NOCHE

Manto negro cae
desde las luces muertas,
a todo mortal.

Obstruye pasos,
el peligro se cierne
o la felicidad.

Con cada paso,
el negro manto pesa
sobre párpados.

Helada la piel
o cubierta de calor
y de suspiros.

Estrellas brillan,
estremece mortal con
la musa noche.

ALEJANDRA VERUSHKA
BOLIVIA

Mi nombre es Alejandra Veruschka San Miguel Avalos, Boliviana resido al sur de Bolivia, nací el 9 de febrero de 1973, tengo un hijo de 16 años al igual que a mí le circula por la sangre el amor y pasión por el arte.

Soy de profesión Contadora Pública, actualmente trabajo como Administrador de un Colegio Particular también dicto clases de Artes Visuales y de igual manera soy miembro activo de la comunidad de escritores WFP - World Festival of Poetry y MV – Frente Poético Mundial en defensa de los derechos de la mujer

Tengo el orgullo de formar parte de la Primera Antología Alma y Corazón en Letras y también fui invitada a publicar en algunas revistas internacionales como ser La Voz Hispana de New York y la revista Gente igualmente de New York..

Para concluir pienso y creo que la Poesía es el medio más espontaneo de plasmar en letras y versos nuestro sentir.

BRANDON

tu mirada
concibe
aguzar
los pensamientos
alimenta
mis impulsos
enmaraña mi lucha
cada día por ti
porque
en cada
alborada
fecundada
al tenerte a mi lado
siento
un obsequio
de dicha
que me da
la vida
de
aprender y comprender
por eso
mi amor
en esta fecha
tan especial
que es tu cumpleaños
deseo
que
Dios te cobije siempre
bajo su manto infinito.

PLEGARIA DE UN INOCENTE

Cierro los párpados para ver con los
ojos del alma
cómo
pasan los días
horas
minutos
y
segundos
humanos
deshumanizados
por tantas olas de
salvajismo
en su espectro
dejando
sabor amargo a
mi aliento
que se desgarra
creador
ante ti
Cierro los párpados para visualizar
un futuro
donde
los seres inocentes
como yo
disfruten de las fragancias
de los tiempos protegidos con
tu aliento lleno de amor
y las familias
no cubran
sus rostros de lágrimas por tanto dolor.

PLEGARIA DE UN INOCENTE

Cierro los párpados para ver con los
ojos del alma
cómo
pasan los días
horas
minutos
y
segundos
humanos
deshumanizados
por tantas olas de
salvajismo
en su espectro
dejando
sabor amargo a
mi aliento
que se desgarra
creador
ante ti
Cierro los párpados para visualizar
un futuro
donde
los seres inocentes
como yo
disfruten de las fragancias
de los tiempos protegidos con
tu aliento lleno de amor
y las familias
no cubran
sus rostros de lágrimas por tanto dolor.

EXTIENDES

Tu mirada
a través
de las brisas
y
rayos ultravioletas
del silencio
alojando
tu presencia
en el canto de las aves
que
se posan en la ventana
recorriendo
con su melodía
suave
como
un escalofrío
por todas las curvas
de mi cuerpo
elevando
así
mi
alma y delirio

GUSTAVO VILLANUEVA
PERÚ

BIOGRAFÍA

De mí me voy a limitar a decir lo estrictamente necesario. Qué, pues esto: Soy un peruano nacido en Lima, y, tengo 57 años de edad, los tres últimos años los vengo viviendo aquí en Villa Montes al sur de Bolivia.

Encuentro en la poesía mi manera de procurar entenderme con la vida, estoy convencido que sin ella ya hubiera zozobrado presa de la marea tan difícil de sortear que es el la de vivir, seguro de que la poesía no le da la espalda a nada que esté vinculado con la existencia humana, a ella, nada del individuo como tal le es ajeno, todo lo contrario, la poesía abarca desde lo que la persona puede tener a flor de piel, hasta, aquello que de hallarse tan dentro de uno ni se sabe que se lo lleva consigo.

La poesía, esa magia subliminal que une sentires, no se da cuando se le coloca el punto final al poema escrito, se da solamente cuando la persona al ir leyendo, al culminar, tarea que emprendiera desde su intransferible individualidad, siente que aquello es lo mismo que él también siente, es entonces que el poema se hace:¡POESÍA!, porque se escribe no para uno mismo, sino para el otro, EL LECTOR.

EL RÍO DE LA VIDA

El río de la vida no deja de florecer
será por eso que ustedes
padres queridos
cogidos
al vuelo de éste cariño que los une
-- amor que por ser tan de verdad
tuvo sus espinas -- llegaron a
encontrarse nuevamente
después
que cinco meses de un tiempo de
calendario mortal los separara
es cierto
papá
se creó con tu ausencia una mirada
con la que recogía los colores de tu
sonrisa y no dejó nunca de buscarte
con el silencio de tu voz
hizo
el canto de un mar cuyo oleaje
sentía él que lo iba a llevar a ti para
coger tu mano y decirte:¡Muñeca!
e ir a comprar pan
tal como lo hacían en aquellas tardes
de por acá
es cierto
tú madre
necesitabas que él ya se encontrase
ahí
contigo acompañándote
para cuando
tiernamente lo llamases con la
cadencia tan tierna de tu:¡Niquito!
al pronunciar su nombre
tú
también lo andabas buscando cual
brizna de luz que busca el alma de

su otro destello
para así juntos
continuar
amaneciendo sobre la hierba fresca
del trino de Dios.
Ahora
De tu mirada
Que lo mira
Brota
La suya
Mirándote.

JUGANDO ENTRE REFRANES

Si pez
Entonces muero por la boca
Que sea tu cuerpo desnudo mi anzuelo.
---.
Soy buen entendedor
Que tus pocas palabras se limiten
A pronunciar mi nombre al tenerte.
---.
No madrugues no amanecerá más temprano
Será cuando dejes que la luz
Anide en tu mirada entonces vendrá el alba.
---.
Finges olvido
Con esa misma actitud falsa
Que tienen las lágrimas de aquel cocodrilo.
---.
Si él aún hace vibrar la sangre de tu alma
No hay entonces rey muerto
Menos rey puesto.
---.
Decidiste darme
Tu par de alondras y te haré cantar
Ya sabes a lo hecho pecho.
---.
Tratándose de tu femenina miel
Reconozco mi codicia y admito aquello
De que quien más tiene más quiere.
---.
Un solo momento puede ser la chispa
Esa que encienda el siempre así de cierto
Como que una gaviota no hace el verano.
---.
Al pan -- así te lo digo -- pan y al vino
Vino
Así que si me olvidas te olvido.

---.
Que el martes también te puedo amar
Eso de que ni te cases ni te embarques
Son pamplinas no es un día aciago.

DE QUERERTE ASÍ...

De quererte así
la estela de tu nombre
expande el sonido de su melodía
sobre
la piel del silencio y otra vez mis
latidos suenan a tu natural aroma
de mujer.
De quererte así
hasta
el más microscópico tiempo que
viene a querer ser parte del ahora
que tengo para vivir
se desvanece
en la marea de lo que viví contigo.
De quererte así
con los mismos versos que se me
desangran de ti
le forjó el alma de libertad a mis
olas y a su brisa
e internándome mar adentro de
mi sangre empuño a la rosa viva.
De quererte así
no le temo para nada a mi sentirte
como te siento
bebo su acíbar
mas no me atrapa su amargor
los vientos de mis honduras rezuman
mucho más sabores.
De quererte así
Hago poesía.

BESAR

Besar
la diadema que adorna
con su matiz luminoso
las erectas hojas
que levantan su sensual
humedad
en el medio exacto de tu
par de estrellas
raigón y tallo
de mis mojadas fantasías
contigo.
Besar
las ondas etéreas de la
melodía de tu voz quejosa
que se esparce
como
la simiente por el campo
en este espacio
vestido
con la sudorosa piel de tu
desnudo cuerpo
luna llena de ambrosías.
Besar
el delirio de tus deseos
para tomar
de tus ganas los colores
con los
que voy pintando el éxtasis
de tu vuelo
mientras estoy
en tus labios entreabiertos
igual
a como tienes los de tu boca.
Besar
la ribera desde donde se alza
el embrujo de la marea de tus

caderas
trepar en ellas sin ninguna prisa
como
la cometa lo hace en el cielo
para
desatar en tu oleaje todas las
rutas libres de mi viento y vivir
a mis anchas en ti.
Solo necesito
que
me digas: *¿Quieres que te bese?*

ANY SANZ
ARGENTINA

ADRIANA SANCHEZ-(Seudónimo Any San) Nacida en Buenos Aires Vive en Tucumán Las Talitas . Auxiliar Terapéutica visita Geriátricos, Hospitales, Escuelas, incentivando a la Lectura y Escritura como terapia que ayuda Publicó su libro de poemas *Goces del Alma* con Alma Editores y diez Antologías. Integrante del Grupo Eco Poetas Tucumanos donde realiza intervenciones relacionando lo literario con lo ambiental .Participa y gestiona diversas mesas de lecturas. Tallerista del CAJ en la Escuela Mariano Moreno de Literatura y Escritura . Conductora de Radio del programa Noche Mágicas entre música y poemas todos los viernes y los sábados Mañanas Imperdibles por FM93.7 La Merced Santiago del Estero Ciudad de Pozo Hondo .(adriana_es9@hotmail.com) Correo electrónico _ Facebook Any Sanz .

AMOR EN LA DISTANCIA

Amor abrazo el silencio del amor lejano
La voz del recuerdo que nombra un tiempo feliz de risas y cantos
Sublime se recuesta la nostalgia en mi lecho
Agonizando el dolor de no tener la luz de tus ojos
Como una sombra a mis días acompañando
La lluvia de mis ojos besan tus labios
El frio de la distancia
Se cobija en el hueco de mi mano
Salpican los charcos
Pedacitos de canciones
que cantabas para mí .

HOY...

como cada noche te extraño.
te pienso ,solo mío te quiero
mis manos buscan acariciarte
mi boca quiere besarte
fundirse en tu cuerpo
sutil los deseos
la noche llega
y llegan los sueños
donde me haces tuya
donde te beso
donde mis manos se posan en tu pecho
cabalgando la noche
termina
todo en sueño

UNA ETERNIDAD

Cómo olvidarte
Si es sentir que lates fuerte en mí
te quedaste prendido de mis pupilas
tejiendo mi corazón por dentro
arrebataste mi alma en un bello vuelo infinito de un amor divino .
Me elevas a un cielo abierto de estrellas
que gritan tu nombre en las noches más bellas
que dibujan tu boca sedienta de mí
un mar de palabras escritas todas para ti .
Sólo el Dios piadoso me abraza me cobija debajo de sus alas
Ángel sagrado de mis rezos no me dejes
acompaña mi camino por siempre .

PURO SENTIMIENTO .

Me sumerjo en infinitos placeres contigo
me tomas me llevas en alas del alma
sacudes la tristeza de mi mirada con tus ojos iluminando mis noches
mis días solitarios se aferran a los recuerdos bellos
Ay amor bendito amor divino angelical y sublime amor
Sin sangrar sin heridas un milagro de la vida
Llévame a tu cielo a un amor sin fronteras
déjame en el espacio de tu corazón morando por siempre una eternidad .

ABEL GUSTAVO SAYAGUÉS

BIOGRAFÍA

Poeta de Lomas de Tafí, quien en sus letras vuelca el amor a su Tucumán, describe al hombre transitando los avatares de la vida por los paisajes de la misma.

Sus poemas han sido parte de antologías junto a poetas tucumanos como Suri Tango 2014 y 2015, poemas y relatos de amor 1 y 2, orgullo de varón y antología del Bicentenario, todas publicadas por Ediciones del Parque.

Algunas de sus letras se suman al cancionero de la mano de compositores de la talla de Gabriela Costello, Rodolfo Pacheco, Esteban Viera y Carlos Podazza, con este último pronto a estrenar las cantatas a los artistas Tucumanos y a los personajes históricos de la provincia.

EN LOS SUEÑOS

En los sueños se va la vida
al volar lentamente al cielo
en los sueños se van los días
Y entre nubes se van perdiendo

En los sueños se van las luchas
van tan cansadas y abatidas
en los sueños se van sin dudas
llenas de broncas y heridas

En los sueños se van los sueños
muy despacito desvaneciendo
en los sueños se van sin peros
Solos, tan libres, sin dueños

MI TIERRA

El cielo que nos cobija
las nubes que van y vuelven
el campo brinda sus frutas
vestido siempre de verde
el cerro que nos abraza
contra los miedos que duelen
la luna nos ilumina
calma dolores que hieren
Un árbol nos da su sombra
contra calores que vuelven
el viento nos acaricia
en cada brisa que envuelve
la tierra que uno habita
a veces suele dolerle

VIDALA DE LOS SUEÑOS

Mis sueños vuelan los cielos
Y en los cielos juegan ellos
Ellos nacen de mi adentro
Y en mi adentro brota un verso

Como agua fresca de río
De un río tan cristalino
Tan cristalino es mi sueño
Mi sueño libre y sin dueño

Surca un paisaje mi tranco
Tranco lentito y golpeado
Golpeado de andar soñando
Soñando yo sigo andando

EN LA QUIETUD DE LA NOCHE

En el café de la noche
las sombras andan con alas
son movedizas, inquietas
como un zorzal por las ramas

En la quietud de la noche
son más nobles las miradas
son tan profundas, sinceras
que dejan vernos el alma

Estribillo
En el silencio la noche
Solo un grillo me acompaña
Estás tan lejos mi luna
Pero tu luz me hace falta

En el soñar de la noche
despierto sueño que bailan
vocales y consonantes
y que forman mil palabras

En el final de la noche
despierta la madrugada
cuando los gallos le cantan
al nuevo día que aclara.

CRUZ ANTONIO GONZÁLEZ ASTORGA
MÉXICO

BIOGRAFÍA

Nací en Escuinapa, Sinaola, México. Vivo en Culiacán, Sinaola. Estudié en la Escuela Normal de Sinaola y en la Facultad de Derecho en la Universidad Autónoma de Sinaola.
Profesor de primaria en la escuela"Lic.BenitoJuárez", en Navolato, Sinaola.
Participé en la publicación de un libro de cuentos titulado "Estero de Cuentos" , algunas revistas literarias y suplementos de cultura en la prensa.

SOMOS

los dos estamos
somos
miro a través de tus ojos
rodar el mundo
bajo mis pies
me persigue la sombra
tocando los talones
me alcanza la muerte
si paro y dices no

mis manos
moldean como barro
tu cuerpo
el semblante
los gestos
la memoria

los dos estamos
bajo el mismo techo
somos un reflejo del otro
me conozco
cuando nombras
el camino que me trae
soy todo en ti
en tus ojos
en tu voz
en tu boca

TRES POEMAS DE AMOR

I

en tierra ajena
hay árboles solidarios
las sombras se extienden
acariciando con las hojas
también eres árbol
por eso busco
entre tus brazos
un instante de paz

II

todo en ti es enigma
enigma tus huellas
enigma tus ojos
pero no tu boca
tu boca precisa
clara y sencilla
la miel que consumo

III

cuántos azares tiene la vida
nos lleva por una entrada
nos trae por una salida
los nombres juegan en la memoria
prendidos por el deseo de existir
como las heridas juegan

a hacer llagas el cuerpo
condenado a morir

JUEGOS

¿quién puede asegurar
que los burdeles
traen alegría?

¿quién asegura
que la vida consiste
en satisfacciones momentáneas?

¿quién pueda asegurar
la existencia de Dios
y su derecho sobre el hombre?

¿quién asegura
que la tierra es de todos
cuando el sol no quema por igual?

hay para quienes
jugar con fuego
es jugar a la muerte
para otros sin embargo
es jugar a encontrarse
en esta vida de espejos
un baño de brisa
cuando se toca el alba

GLADYS SORLOZANO
ARGENTINA

BIOGRAFÍA

Escritora , Argentina,Monteriza radicada en capital San miguel de Tucumán, Licenciada en letras, profesora de lengua y literatura, autora de tres libros propios ·"Perfume de rosas","La mujer más importante" y "más allá de las palabras" y participante de varias antologías todas editadas por Ediciones del Parque. Presidente Eco poetas Tucumanos y coordinadora grupo "jóvenes escritores"
Seudónimo Brisa

TE BUSCO

Cuando entro en el letargo de mis pensamientos
mi corazón te busca
entre los laberintos de mi mente
sé que ahí estarás
ahí esperando que te recupere
en cualquier momento.
sonrío, y fluye en la quietud del cuarto
un aroma que me consume
me traslada a los abrazos correspondidos
a las promesas hechas
las palabras se vuelven un nudo en mi garganta
una catarata de recontas imágenes
traspasan mi cuerpo
como una flecha envuelta en fuego
si, puedo decir
te amé del mismo modo que tú a mi
sin sentir más que uno en dos
cuando la metáfora se fundía
en figuras , mezcladas llamando
al eterno eros a su juego.
tu voz, estremecía mis huesos
en entrega de primavera al sol
a la lluvia, a la flor...
la sonrisa sigue esbozada en mis labios
y mi mente buscando ,escarbando
con ganas de ti...

SER

Buscábamos ser uno entre las sábanas blancas
músculos entretejidos
boca muda de besos,
de lengua lánguida,.
corazón acelerado;
repartido en mil galopes.
Piel transpirada,
exhumando el jadeo de células
cual mamíferos embravecidos,
apareamiento con intensidad cruda
irregularidad de movimientos
ponen en pecado las manos
el juego sigue,
llegan luces hasta el fin de los deseos
seres que aman así no conocen secretos.
inundada pasión metida en el cuerpo
necesidad de saciar la pimienta
mezclada sin juramentos.
aunque estén encontrándose en el mismo
INFIERNO.

AMAR

Esbozo de tus manos en mi cintura goce pleno de tus labios calientes.
hagamos remolinos con risas verdaderas del amor peregrino que invade mis venas.
aliento del aire que respiro tocando tu rostro imaginado con mis manos al borde del precipicio eterno que me hace amar , amar en carne viva la locura .
Disfraza mi cuerpo con tu piel y vuélveme perfume de rosas entre tus caricias desbordantes de deseo .
Herida de mi corazón perdido en los lazos de este amor secreto y mío.
Tan mío como estas palabras escritas con sangre ardiente y fiel.

UNO MÁS

No se dio cuenta ; cruzó el parque sin percatarse que unos pasos dañinos la seguían marcando de cerca
Al dar vuelta , cuando sus oídos pudieron percibir el ruido de hojas secas ya fue tarde .
Un charco de sangre en los pastos y UNA MENOS

**JOSEFINA STASUIK
ARGENTINA**

BIOGRAFÍA

Me llamo Josefina Stasiuk: Seudónimo...(Milagros Vida). Hija de padres inmigrantes. Nací en Florida Provincia de Bs. As. Argentina. Participé en dos Antologías Poéticas: (El Eco de Las Musas) y (Sueños y Secretos...Cuentos y Poesías) compartiendo con autores hispanoamericanos. Actualmente participo del programa radial "Susurros Del Alma", donde gané con dos poemas que fueron hechos canción. "Siempre escribiré mil palabras y con ellas romperé cadenas de distancias

ESPERANZA...

Busco tu sonrisa
y no llega,
busco tu mirar,
tu palabra sincera.
Te busco... se hace
larga la espera.
Tengo la ilusión de que
tu corazón me sienta.
¡No retrocedas!
Sella mi vida...
ladrón de mi esperanza.
Aquí me tienes...
en un soplo de ilusiones.
¿Sabes ?...
¡Eres mi fuerza!
¡Eres mi respuesta!
¡Bendito seas!
¡No te das cuenta que
somos dos almas
en una interminable espera!...

SOLO SUEÑOS...

Se estremeció tu alma al sentir
la mía tan pura, tan clara,
que llegó hasta ti en tus
noches solitarias.
¿Sabías que te amé en metáforas?
¡No, seguro que no!
Te amaba bajo los rayos del sol,
o allá a lo lejos cuando
la luna iluminaba.
Te hice mío en esas madrugadas,
madrugadas que duraron poco tiempo
porque fueron solo sueños.
Sueños ...
donde sentía tu piel, tu calor, tus besos,
tus dedos acariciando mis labios,
en mis oídos el susurro de tantos ¡te amo!
Las noches pasan...
nuevamente se asoma el ocaso
y vuelvo a encontrarme abrazada
a mis sueños con mi ser alborotado,
deseando sentirte en mis entrañas.

ANGUSTIA

Angustia que entre penumbra
recorre todo mi ser
atormentas mi realidad
en el triste atardecer.
Me esclavizas, me enloqueces,
me subyugas con tu amor,
maldita angustia y soledad
que me quebranta el corazón.
Esa angustia que me acompaña
y me condena al mal vivir,
siento en las noches el frío intenso
de esos amores que perdí.
Soledad, angustia, silencio,
lágrimas perdidas sin destino,
mis labios quedan mudos
ahogándose en suspiros.

SUMERGIDA ENTRE SOMBRAS

Al despertar...
veo la luz de un nuevo día,
me acostumbré a mirar,
hacia el Norte, Sur, Este
y Oeste.
Y mientras recuerdo, también
olvido.
Entre las flores hallaré
mi jazmín perdido.
En las tardes solitarias
leeré libros.
¿Y en las noches qué haré
cuando me encuentre sumergida
entre sombras?
¡Ya sé!
Beberé una copa de vino,
para disfrutar mis locas fantasías,
te hablaré, como
si estuvieras a mi lado,
esperando que termine Abril,
deseando el beso que no me has dado.
Me acurrucaré entre almohadas,
inventaré caricias, quedaré dormida
imaginando el calor de tus brazos.
Amanece nuevamente...
miro al Norte, Sur, Este
y Oeste.
Veo renacer un nuevo día.
¿Encontraré el camino?

SARA TECKEL
VENEZUELA

BIOGRAFÍA

Venezolana, radicada en Uruguay.

Mis letras son la entrega de motivos que puedo remitir,
fiel reflejo de mi existencia.
Nacen de la voz de los portales de mi alma.
Anhelando el equilibrio entre la realidad y
el más allá de un velo de ambigüedad.

NO TE DUERMAS

La oscuridad tiene ojos, dientes y una memoria
tan delirante como océano profundo.
Sé que estás cansada, tu mente ruega paz.
Pero existe mucho más por alcanzar.
Respira, atrapa la vida en tus pulmones.
No desperdiciemos palabras ni lágrimas.
Juntémonos en la quietud del dolor hueco.

Otros perdieron la luz. Fueron polvo,
remiendo, olvido, tiempo desierto.
No envejezcas sin mí
Atrapa una historia, abrázala con un suspiro.
Estas paredes están talladas de metáforas.
Sueña conmigo, toma mi mano, usa mis fuerzas,
tiembla con la rabia que tiemblan mis carencias!

No envejezcas.
No te detengas, no olvides, mírame!
Estas cuatro paredes sin ventanas,
alguna vez fueron razón, luz, sosiego.
Esto no es locura!
Escucha las metáforas;
ellas envejecieron contando historias.
Qué se supone que será de ellas sin las nuestras?

ABRÁZAME

Donde la nada se convierte en todo.
Donde la verdad convoca la agonía en tinta.
Allí, aquí. Donde la demencia susurra mis enojos.
En ese punto muerto donde te escondes
y mi vacío te nombra anhelando cordura.
Derramaré mis pecados en papel, construiré
senderos con los puntos más finos de la pluma.
Poder de permanencia, recuerdas?
No te marchites, no te pierdas!

Nunca te duermas. Vive en mí, en las malditas letras!
Llenaste los agujeros de mi alma. Sembrando una
llama que se arrodilla en los altares de la esperanza
y la necesidad. Un jardín imaginario donde florece
una profunda pasión plantada en el dolor.
Siempre serás mi verdad.
Cada vez que lea las palabras que sangraste,
sabré que estuviste y estaré viva.

DESVELOS

Cuando se ha caminado sobre fuego
la sequía es un relleno.
Busco un lugar para descansar,
donde se anide el sosiego.

He viajado con La Parca en el bolsillo,
conocí el dolor en los sonidos de la guerra,
rocé las sombras aferrada al equilibrio,
dancé con seres disfrazados de miseria.

Me hice amiga del silencio y del miedo,
colgué mis sueños aguardando un aliento,
probé el amargo sabor del desconsuelo,
grité mis versos a los caprichos del viento.

Jugué con fuego, me arrodillé sobre brazas,
alimenté a la tolerancia, desafié a la tristeza,
crucé el muro donde agonizan las ansias,
peleé, y allí emergí con el alma hecha certeza.

Soy veterana del desgaste, perfectamente imperfecta;
no temo a las tormentas, remendé las piezas rotas,
no hay cabida a la derrota, mis memorias ya no pesan,
hoy mi rastro reposa en la fusión de la fe y la resistencia.

Desvelos, nunca olvidé respirar, he caminado tanto y tan lejos.

DOLOR

Una línea que escuché una vez en un teatro con poca luz, pronunciada por un arlequín codiciado por ecos de fracasos, defectos, verdades y remordimientos. Vi un sentimiento honesto en los ojos húmedos de todos los que me rodeaban, como proféticas advertencias, filas de espíritus fracturados absorbían su significado. Pensé que la iluminación no era la adecuada para la escena.

Dolor es una canción dedicada a alguien en un café lleno de gente. Una chica con apenas la edad suficiente para discernir su peso, mas ella se aferraba a su guitarra como arañando los bordes deshilachados de un sueño que naufragó en la aurora gris. Tejió su no correspondido en una balada detenida en un lamento demasiado demencial para absorber el deterioro. Pensé en una verdad que alguna vez sentí.

Dolor es una palabra que leí en un trozo de papel, escrito por la mano de un poeta que vaciló y arrancó los recuerdos de momentos tallados fuera tiempo, una cadena tensa entre el olvido y el perdón, un manto de memorias y anhelos fraudulentos, una disputa entre lo que fuiste y lo que se quedó conmigo. Pensé en dejar de recordarte en metáforas.

FREDY VÁSQUEZ
PERÚ

Fredy Vasquez
Nacionalidad : Peruana
Docente

SÍGUEME

Sígueme por mi ruta sin rumbo fijo
Sígueme para que sepas a quien elijo…
Ven conmigo, abrázame se mi abrigo
Ven conmigo, a ver si después te sigo…
No importa si lo que siento nunca lo digo
No importa si parezco de tu boca mendigo…

Sígueme cuando vuelo por el cielo
Sígueme para que me liberes de este hielo…
Ven de prisa, regálame tu sonrisa
Ven ya y revive mi ceniza…
No importa que no traigas tus lujosos trapos
No importa si esta madrugada no cantan los sapos…

Sígueme para terminar este laberinto juntos
Sígueme para unir nuestros asuntos
Ven que necesito tu presencia
Ven que me alimento de tu ausencia…
No importa si vienes deshojada
No importa si ya estas nuevamente enamorada…

DÉJAME

Déjame en mi mundo loco, donde soy el único
sobreviviente...que muere poco a poco...
Donde mis ideas nadie las entiende,
donde eres la única especie con vida que me comprende...

Déjame en mi oscuridad que es donde yo puedo ver
Donde nadie sabe el camino, donde no existe futuro
Ni destino...

Déjame naufragar en mis versos y canciones...
Donde solo me tome mis temores, y no haga caso
Los rumores...

Déjame escribiendo en la eternidad...
Hasta que mis palabras lleguen a tus oídos,
y sepas que escribo pensando en tiempos perdidos.

Deja que me marche con mis pasos
Que en el cansancio olvide tus abrazos
Hasta morir soñándome enredado en tus retazos...

SOLEDAD

"Siempre serás mi compañera,
en las noches dueña de mis sueños y en el día mi sombra…
no te temo soledad, pues tú me persigues y así será
por toda la eternidad….

Eres el eterno atardecer que me hace padecer…
Amaneces sobre mi almohada y nunca estás enamorada…
No necesitas ser amada, por nadie eres deseada…
Por los débiles eres odiada, haces el amor con la nada….

No tienes rostro ni sonrisa, no sabes de caricias ni de orgasmos…
Solo eres un poco de viento, que no tiene aliento….
Te escondes en la oscuridad de la noche,
Aliada del frío y la distancia, no sabes de verbos ni canciones,
No te importa el tiempo ni las emociones…

Siempre serás mi compañera, la que comparte cada noche
mi bañera, Eres mi cómplice, y sabes lo que pienso…
Te desvelas conmigo y pasamos juntos cada domingo
No tienes forma de mujer, ni tienes labios rojos…
Pero te prefiero a otros besos que solo me traen enojos…

Algún día te marcharás, ya no estarás más
Pero sé que en alguna esquina me esperarás
O por mi preguntarás, si algún *DÍA* vuelvo a estar solo,
Estoy seguro, a mí volverás…"

MUJER MADURA

Mujer madura, mirada segura
Caricias de fuego, noche de sosiego…
De andar seguro y pensamiento impuro
Tienes el título de señora y
El alma de adolescente soñadora…

Mujer madura, llena de dulzura
Con mil recuerdos grabados en la cintura…
Tu vida ya no es una secreta aventura
Llevas sobre la piel una fina calentura…
Que siempre será tu galardón, tu envestidura…

Mujer madura, refugio temporal de ternura
Tienes el ceño fruncido y la pantorrilla dura…
En tu mente siempre está viva tu última locura
Donde cabalgaste sobre una pintura...
Que nunca envejece, que se mantiene a gran altura…

Mujer madura, noche de locura
En tus brazos ya no hay amargura…
En tus pliegues se aprecia la blancura
De tu alma que nunca dejará de ser pura…

INVITADO ESPECIAL

HÉCTOR CELANO

HÉCTOR CELANO

ARGENTINO - CUBANO

HÉCTOR CELANO - RESEÑA ARTÍSTICO LITERARIA y DOCENTE

Libros publicados

- Identidad (Poemas) 1984. Ed. Amaru, Buenos Aires, Argentina
- Antes que el viento se apague (Poemas) 1989, 6 poetas; Ed. Amaru, Buenos Aires,
  Argentina
- Interpares (Relatos poéticos. Trabajo grupal) 1993. Buenos Aires, Argentina
- Júbilo Terrestre (Poemas) 2001 Ed. CTC, La Habana, Cuba
- Llorar de Plenitud (Poemas) 2002 Ed. Luminaria, Sancti Spíritus, Cuba
- Umbral de la palabra (Poemas) 2002 Ed. Arte y Literatura, La Habana, Cuba
- Canto Poema en flor (Poemas) -Bilingüe Castellano / Italiano-
    1ª Edic. 2003, 2ª Edic. 2004 Eco Ediciones. Buenos Aires, Argentina
- Con aire de gorrión (Poemas) 2004 Solicitado por Casa de la Poesía. La Habana.
    Cuba, publicado en Alta Gracia, Córdoba, Argentina
- Canto Poema en flor (Poemas) 2005 Bilingüe Castellano / Francés
    Ed. Euram Época, Buenos Aires, Argentina
- Hasta la Poesía Siempre (Poesía y Prosa) 2007 Ed. Euram Época. Buenos Aires,
    Argentina
- Secretos del cordón de la vereda (Prosa; cuentos y relatos poéticos) 2010
    Ed. Quo Vadis, Carlos Paz, Córdoba, Argentina
- Hasta la Poesía Siempre -Italiano- (Poesía y Prosa) 2013 Ed. Euram Época.
    Buenos Aires, Argentina.
- Viaje a la raíz del viento -Castellano / Italiano- (Poesía-5 poetas-) 2015 Edit. Roma,
    Italia.

- Caramelo de limón -Autoría compartida con Luis Hernández Serrano- (Reportajes y
   Poemas) 2016 Quo Vadis Ediciones. Carlos Paz, Córdoba, Argentina.

Revista Cultural

- Identidad del Oeste (Creador, Editor y Director) 1993-95

Antologías

- Movimiento Cubano por la Paz y la Soberanía de los Pueblos, La Habana 2005
   Fueron solicitados sus poemas "Invicta Estirpe" e "Identidad"
- "Esencia del Canto", traducido al Italiano, se publica en la Antología contra el
   Terrorismo -Italia 2005-
- Desde 2006 hasta 2010 se han publicado poemas en las Antologías anuales del
   Grupo Literario "Noches de Poesía" de Alta Gracia, Córdoba
- Interpares (Relatos poéticos. Trabajo grupal) 1993. Buenos Aires, Argentina
- Antes que el viento se apague (Poemas) 1989. Ed. Amaru, Buenos Aires,
   Argentina

Periodismo cultural, Artículos de opinión, reportes, Colaboración en medios -Prensa Plana Digital-
Se mencionan algunos trabajos:

- Periódico Granma, Cuba: Poesía Solidaria con Cuba recorre Europa
   21/9/04
- Periódico Resumen Latinoamericano: Poesía, Senderos y Oralidad
   La Habana 10/9/2005
- Periódico Berria ex Gara, País Vasco: CUBA: El valor de la soberanía La

Habana 21/9/2004
- Periódico Berria ex Gara, País Vasco: Contra viento y marea a favor de
la vida Entrevista a José Rubiera, Director del Centro Nacional de Pronósticos
del Instituto de Meteorología, Vicepresidente de la Organización Mundial de
Meteorología para los Países de Habla Hispana y Diputado a La Asamblea
Nacional del Poder Popular de Cuba, 7/9/2004
- Portal Goya Opina, Corrientes Argentina: Reflexiones acerca de
Encuentros Literarios Alta Gracia 26/10 2010
- Libro Hasta la Poesía Siempre, Buenos Aires: Reportaje a Ernesto
Gonzalo Pino Fábrega "Pupo" Guía del Che en el Escambray, durante
la ascensión a la Comandancia del Che en el Escambray, Sancti Spíritus, al
recibir el Premio "Ciudad del Che" 14/6/1998
- Libro Hasta la Poesía Siempre, Buenos Aires: Charlas con Alberto
Granado, Fomento Sancti Spíritus, Cuba 15/6/98
- Libro Hasta la Poesía Siempre, Buenos Aires: Reportaje al Comandante
Armando Acosta Cordero, Fomento, Sancti Spíritus, Cuba 15/6/98
- Periódico El Faro, Rawson, Chubut, Argentina: Reportaje a Arnold
Rodríguez, Secuestrador de Fangio en 1958, La Habana 1999 (Publicado en
El Faro el 27/9/2002 y en el libro de HC Hasta la Poesía Siempre)
- Periódico El Faro, Rawson, Chubut, Argentina: Reportaje a Pedro Ross
Leal Secretario de la CTC -Central de Trabajadores de Cuba- 6/8/2001
(Publicado el 29/8/2002)

- Librínsula "La isla de los libros" Intercambio con la escritora y bibliotecaria
  Lic. Rosa Baez. Biblioteca Nacional "José Martí" (nov. 2006)
- Periódico Página 12 -Relato al periodista Martín Piqué acerca de la visita de
  Fidel Castro y Hugo Chávez a la Casa Museo del Che 23/7/2006
- Cubarte Entrevista de la periodista e investigadora Adys Cupull el Día de la
  Cultura Cubana La Habana 20/10/2004
- La Bodega del Diablo Varias entregas desde Abril de 2002 al 2005
- Isla Poética en el Foro de la Palabra 23/5/2002
- Alma Mater "Umbral de la palabra" con el escritor y periodista Waldo
  González López
- Periódico de Bélgica Charla con la periodista Jef Maes et Katrien Demuynck 10/7/2003
- Prensa Villa María "Puntal" Córdoba. Periodista María J. Silvera 7/10/2007
- Editorial Staff Liberalia - periódico meridiano di informazione culturale
  acerca de un recital y los libros de Celano, Pomárico, Matera, Italia 27/7/2005
- Hasta la poesía siempre, Catania Sicilia, Italia; artículo dedicado al Recital
  brindado junto el trovador Alberto Tosca Enero 2005
- Clarín Cultural San Martín-Tres de Febrero en la Feria del Libro de Buenos
  Aires, con motivo de haber recibido Premio Nacional de Poesía y Premio de
  Literatura "José Hernández" 2/5/13
- Diario "El Popular" de Argentina "Celano, el juglar moderno que talla los
  poemas en el alma" 21/9/14
- TV MC "Contenidos Culturales" Entrevista en dos Programas consecutivos
  realizada por el periodista Martín Biagini. La Matanza, Buenos Aires Julio de 2014.

- Clarín de La Matanza Entrevista realizada por el periodista Martín Bártoli.
  Octubre de 2014
- "Intramuros" de República Dominicana entrevista de la Periodista Daniela de
  la Cruz Gómez 30/10/14
- Diario Latinoamericano "Talento revolucionario, Carlos Ruiz de la Tejera" -Abril
  de 2016.

Traducciones de parte de su obra

- "Canto Poema en flor" Traducido al Italiano y al Francés.
- "Hasta la Poesía Siempre" Traducido al Italiano
- "Viaje a la raíz del viento" Traducido al Italiano
- Poemas, Relatos y Artículos de opinión aparecen en Italiano, Francés, Alemán,
    Flamenco e Idioma Vasco.

Grabaciones

8.1 CD poético-musicales: "Secretos del cordón de la vereda" I y II; "UniVerso
  en Sol de Polen"; "Palabras Desnudas"; "Versión de afecto"; "Ser Latino" y "Esencia"

Programas radiales creados y conducidos por HC

- Contraseña Cultural y El Cordón de la Vereda emitidos por Radio Argentina,
    Frecuencia Especial, Convivencia, Radio Municipal, FM Emociones y FM
    Cosmos (entre los años 1987 y 1998)
- El libro del viento Radio Arinfo Buenos Aires (abril de 2013)

- "Crónicas del Milenio" Autor y Narrador. Desde Junio de 2016 se emite por

Radio Habana Cuba.

Columnista y colaborador

- Intercambiando ideas -Columnista- Progr. dirigido por el Dr. Alfredo Rossi,
   FM Lares (2010 hasta el presente)
- Amasando sueños -Colaborador y Columnista- Programa dirigido por Mirta Judewic, Radio Municipal de la Ciudad de Buenos Aires (1993 y desde Cuba 1999)
- Papeles de Buenos Aires Dirigido por Gloria Arcuschin - Colaborador y
   Columnista- (1994/95)

Participación en Documentales

- Voz en off en Documental del Che realizado en La Habana (2001)
- Recitados en Película "Argentinos en Europa" (2004)
- Teatro Carlos Marx de La Habana, Acto de la OCLAE (Organización
   Latinoamericana de Estudiantes) previo al discurso de Fidel Castro
- Hurón Azul varias participaciones en su entrega semanal (1999 - 2006)
- Documental del Monumento al Che erigido en la Ciudad de Rosario (2008)
- Canal Arte, Documental con motivo del 80 Aniversario del Nacimiento del Che
- Documental "Como una campanada en el crepúsculo" Dir. por Violeta Celano
   -sin estrenar-

DOCENCIA - Conducción de Cátedras Literarias

- Desde el Ministerio de Cultura de Cuba perteneció durante 8 años a Cultura Comunitaria y el Sistema de Casa de Cultura de La Habana.

- Del 2000 al 2005 impartió el Taller experimental "Poesía y Oralidad" en la
   Secundaria Básica "Camilo Cienfuegos" y "El Che y la Poesía" en el
   Preuniversitario Politécnico de Economía de La Habana
- Ciclo de Escuelas del Gran Buenos Aires 1994-95
- Conferencias en Centro Educativo de Nivel Secundario N° 453 de Francisco
   Álvarez 2001
- Una decena de participaciones en la Cátedra Che de Centro Habana conducida
   por los escritores e investigadores Adys Cupull y Froilán González
- Conferencia en Librería de los Intelectuales en Amberes, Bélgica 2003
- Creación e Inauguración de Centro Latinoamericano de Nievski, Catania, Italia
   2005
- I y II Seminario Intensivo "Del Manuscrito al Libro", Buenos Aires, Abasto Cultural,
   febrero-marzo 2014
- Taller Literario "Iniciación Literaria – Escritura y Oralidad", Buenos Aires, Abasto
   Cultural -desde febrero de 2014-

Dirección de Espectáculos, Peñas, Tertulias

- <u>En Argentina</u>: Codirigió de 2006 a 2011 con Norma Ortega "Sol de
   Polen" en Alta Gracia, Córdoba. El Municipio nominó este emprendimiento
   de Interés Cultural, Educativo, Turístico, y Recreativo
   En los cinco años de vida han visitado el Centro 85.404 seres provenientes de
   88 países de distintos continentes, habiéndose efectuado 74 Encuentros
   Artísticos

- En casi 4 décadas realizó Ciclos de Recitales de Poesía acompañado por
escritores y artistas de diversas expresiones en entidades culturales, sociales,
centros de estudio y distintos espacios donde ha sido recibida su obra
- <u>En Cuba</u>: "Encuentros en Sol de Polen" (Dirección y Actuación) Trascendió
las 100 citas con más de 7000 asistentes- en el Museo de la Revolución y
de forma itinerante en decenas de oportunidades en La Casa de la Trova de
Centro Habana, El Museo de la Música de Cuba, Galería de Arte del
Cerro y Comandancia del Che en La Cabaña, y vari os sitios de distintas provincias
En el Museo de la Revolución Un Sol de Polen iluminó con amor y amistad las
flores de los Cinco Héroes -Casa de la Cultura el Cerro, La Habana, Cuba
(Julio 2002; divulgación Cultura del Cerro)
Cantata por la Paz "Canto Poema en flor" Guión, Dirección y Actuación junto
a los artistas cubanos Carlos Ruiz de la Tejera, Jesús del Valle "Tatica" y
María Elena Pena. Teatro Amadeo Roldán, La Habana. Teatro Terry,
Cienfuegos. <u>Luego con el mismo elenco se presentó en Europa.</u>
"Acquaforte", "Canto Poema en Flor" y "Viaje a la raíz del viento" con poetas y músicos en DF y Guadalajara, México, Mayo-Junio de 2016.
Caramelo de limón. Espectáculo-presentación junto al trovador Vicente Feliú
del libro compartido con Luis Hernandez Serrano.
Hasta la Poesía Siempre con el Trío Cuba, Julio de 2016 en La Habana.

- En Europa. Italia: Cantata por la Paz en Parco Forte Prenestino y TV, Roma,
Viterbo, Ronciglione-, Venezia, Firenze, Génova -Génova, Cogoleto,
Vado Ligure, Savona-, Sicilia -Catania, Palermo, Taormina-
-Canto Poema en Flor y Poemas al viento en las distintas giras Alemania,
Francia, Bélgica, Suiza, España, Italia y País Vasco
-Hasta la Poesía Siempre 2013-14 en Roma y 16 ciudades de Italia Recitales-
Conferencias y Cátedras.

- En Chile: En "El tren de la poesía" Temuco, Septiembre de 1997. "Sol de Polen",
Santiago -Biblioteca Nacional y otros- Septiembre de 2003. "Hasta la Poesía
Siempre" Santiago, Julio de 2009

- En Uruguay: Montevideo: AEBU (con dos de los ex guitarristas de Alfredo
Zitarrosa). Teatro del Cerro, Diciembre de 2004

- En México: En 2014: Dirección Escénica y Actuación en "Viaje a la raíz del viento" con el conjunto italiano Mantra Jod y artistas mexicanos. Distrito Federal: La Karakola, Glorieta de loa Cibeles; La Magdalena, Delfín Madrigal; Café Caribe (dos actuaciones); Casa Valentín Campa (1 Actuación y 1 Conferencia); Fonoteca Nacional (ex casa de Octavio Paz); Universidad UNIPRE; Colegio Integral Madrid; Universidad Nacional de México UNAM, Fes Aragón; Pirámide de Mazatepec (una actuación y la filmación de un video que refleja parte del espectáculo); Escuela modelo Emiliano Zapata; Cancún: Museo Maya de Cancún.
En 2016: Varios sitios de DF y Guadalajara (Sala de la Cultura de la Universidad)

Giras Culturales y Presentaciones Artísticas

- Desde hace más de tres décadas, como autor, director y recitador de su
propia poesía, realiza recorridos por distintas ciudades de Argentina, Cuba,
Uruguay, Chile, México y Europa. En Cuba, a partir de 1998, efectuó más
de 400 recitales y presentaciones en La Habana y las mayoría de sus Provincias
- En el Encuentro Mundial de Poesía del Festival del Caribe Fiesta el Fuego
  (Santiago de Cuba) participó en tres oportunidades. Tuvo a su cargo
   Apertura y Cierre y fue Jurado de su Concurso Literario
- En 2003 / 04 y 05 efectuó <u>4 recorridos de 3 meses cada uno</u> presentándose
  en 65 ciudades de Italia, Francia, España, Bélgica, Suiza y Alemania
  donde brindó Recitales (con distintas vertientes de la expresión artística),
  Ponencias, Charlas y Conferencias
- En 2013/14 Se presentó en Italia por espacio de 3 meses (Roma, Ostia, Bologna, Trento, Adíspoli, Civitavecchia, Arezzo, Ciampino, Isernia, Firenze, Pisa. -Algunas Universidades como La Sapienza (varios recitales y cátedras), la Univ. del Cine, etc)-
- México Octubre/Noviembre de 2014. Distintos escenarios; la Fonoteca Nacional de
  México, ex casa de Octavio Paz; Centro Cultural de Cancún.
- México Mayo-Junio
- Con el Trovador Carlos "el negro" Juárez y artistas invitados especiales
  presentaron en el lapso de tres años el Espectáculo poético musical "Júbilo
  Terrestre" por diversas ciudades de la República Argentina.
- Cuba-México Marzo-Junio de 2016. Presentando "Caramelo de limón" y "Viaje
  a la raíz del viento"

<u>Miembro de organizaciones culturales, sociales y gremiales</u>

- SADE -Sociedad Argentina de Escritores- Desde 1974
- UTPBA -Unión de Trabajadores de Prensa de Buenos Aires- Desde 1994
- CTA -Central de Trabajadores Argentinos- Desde 1994
- MINISTERIO DE CULTURA DE CUBA -Desde 1998
- UNEAC -Unión Nacional de Escritores y Artistas de Cuba- Desde 2005

Premios, Distinciones, Reconocimientos

- En 1998 la UNEAC (Unión Nacional de Escritores y Artistas de Cuba) le
 otorgó el Primer Premio "Ciudad del Che" en el Concurso Literario
 Internacional dedicado al 70 Aniversario del nacimiento de Ernesto Guevara;
 Santa Clara, Cuba
- Placa de Reconocimiento por la Paz entregada por la Municipalidad
 de Roma para "CantoPoema en Flor", Cantata escrita, dirigida y
 presentada por Héctor Celano en Cuba y Europa, junto a destacados artistas
 de la escena cubana (27 Junio 2003)
- La Unión Árabe de Cuba, en el 2000, seleccionó su poemario "Madre
 Tierra" con la Distinción de Honor al Trabajo Latinoamericano de
 mayor trascendencia
- La Dirección Municipal de Cultura del Cerro le entregó Diploma de
 Honor por su labor destacada a favor de la Cultura y la Comunidad,
 en el marco de la semana de la Cultura del Cerro, en el 2001
- El Consejo Popular Cayo Hueso y la Dirección de Cultura de Centro
 Habana le otorgaron varios Diplomas de Reconocimiento por su

contribución a la Cultura Comunitaria. Como así también el Movimiento
Cubano por la Paz.
- En 1999 fue nombrado Miembro de Honor de La Cátedra "Che Guevara"
del Municipio Arroyo Naranjo.
- Las autoridades del Gobierno de Habana del Este le efectuaron una
Actividad de Homenaje por el aporte cultural realizado en dicho territorio
(1999)
- La Galería de Arte "Teodoro Ramos Blanco" le otorgó la condición de
CIUDADANO DEL CERRO, en el Acto de Homenaje por el Tercer
Aniversario de Vida Artística en Cuba, (Enero 2002)
- Los Recitales de H C en San Martín de los Andes efectuados del 5 al 7 de
noviembre de 2005 fueron declarados de Interés Municipal por el Intendente
Sr. Juan Carlos Fernández y el Secretario de Gobierno Sr. Guillermo Carnaghi
- En 2006 su cuento "La emboscada" obtuvo Tercer Premio en el
Concurso a "Treinta años del Golpe" convocado por la CTA (Central de
Trabaj. Arg.)
- En 2010 Mención Especial en el Primer Congreso Universal
      Hispanoamericano de Poesía - Tijuana, B. C. México-
- En 2012 1º Premio Nacional de Literatura en Categoría Poesía
      "TRES DE FEBRERO" - Caseros, Tres de Febrero, R. Argentina-
- En 2012 1º Premio Nacional de Literatura en Categoría Poesía
      "JOSÉ HERNÁNDEZ - Caseros, Tres de Febrero, R. Argentina-
- En 2014 Reconocimiento Especial del Colegio Madrid en la 29 Feria del
Libro por su participación Poético-Musical en "Ayotzinapa-Nuestras voces"

- De parte de las ciudades de los países que trabajó recibió una extensa gama
de Reconocimientos y Diplomas entregados por Entidades gubernamentales
Literarias, Escuelas, Universidades, Municipios, Centros de Trabajadores, Medios de
Comunicación, Organizaciones Sociales

Presentaciones de Héctor Celano en distintos países

Desde hace más de tres décadas, como autor, director y recitador de su propia poesía, realiza recorridos por distintas ciudades de Argentina -alrededor del centenar-, Uruguay -Montevideo, Teatro del Cerro, AEBU con guitarras de Zitarrosa- y Chile -El tren de la Poesía, Homenaje a Neruda, Temuco, Delegación cubana por el 30 Aniversario del golpe a Salvador Allende, Mesón Nerudiano y Casa de Neruda Santiago-
En Cuba, a partir de 1998, efectuó más de 300 recitales y presentaciones en La Habana y la mayoría de sus Provincias.
En el Encuentro Mundial de Poesía del Festival del Caribe -Santiago de Cuba- participó en tres oportunidades. Tuvo a su cargo Apertura y Cierre y fue Jurado de su Concurso Literario.
Del 2003 al 2005 recorrió con su poesía, en cuatro giras de 3 meses cada una, 65 ciudades de Italia, Francia, España, Bélgica, País Vasco, Suiza y Alemania.
En octubre de 2013 estuvo un mes en Cuba, presentándose en La Habana en 14 encuentros, donde se destaca el Recital por la Paz realizado con el Trovador Cubano Vicente Feliú en La Casa del Alba.
En noviembre, diciembre y enero de 2013/14 realizó una gira por Italia invitado por distintas instituciones, entre ellas La Universidad de La Sapienza, La Asociación de Juristas, La Casa de la Amistad Italia Cuba y la Unión Sindical de Base. En 70 días efectuó aproximadamente 50 Encuentros (Conferencias, Recitales, Cátedras, Centros de Educación, TV), presentándose en Roma (Ciudad, Ciampino, Ostia, Ostia Antica), Civitavecchia, Adíspoli, Arezzo, Firenze, Bologna, Pisa, Trento, Abruzzo, Isernia.

En México Octubre/Noviembre de 2014 -18 Actuaciones y Conferencias. Distintos escenarios; la Fonoteca Nacional de México (ex casa de Octavio Paz); Pirámide Mazatepec; Museo Maya de Cancún.

En 2016 Marzo-Junio Cuba y México presentando "Caramelo de limón", "Viaje a la raíz del viento" y "Hasta la Poesía Siempre"

En Buenos Aires 2014-2015 En Capital Federal y Gran Buenos Aires realizó aproximadamente 50 Presentaciones (Recitales, Conferencias, Presentación de libros); se mencionan La Biblioteca Nacional, Sala de Conferencias de la Universidad de La Plata; el evento de Canto Poema en Flor con el Trovador cubano Vicente Feliú.

CIUDADES DONDE SE HA PRESENTADO HASTA LA FECHA

AMÉRICA

ARGENTINA (Durante 35 años): Provincia de Córdoba -Ciudad Capital Córdoba, Alta Gracia, Villa Carlos Paz, Villa María-; Ciudad de Buenos Aires -en la mayoría de sus distritos-; Provincia de Buenos Aires -Carlos Casares, Luján, Moreno, Merlo, Villa Madero, La Tablada, Ramos Mejía, San Justo, Casanova, Tres de Febrero, San Isidro, Olivos, Vicente López, Beccar, Avellaneda, Quilmes, Berazategui, Lomas de Zamora, Temperley, Lanús, Guernica, Mercedes, Merlo, Ituzaingó, Morón, Haedo, Ciudad jardín, El palomar, Castelar, Villa Madero, Tapiales, Villa Insuperable, Lomas del Mirador, Luján, Ramos Mejía, Ciudadela, San Antonio de Padua, Paso del Rey, Francisco Álvarez, San Martín, Caseros, El Tigre, Necochea, Mar del Plata y Ciudades de la Costa, Tandil -; Mendoza; Entre Ríos; Santa Fe -Rosario, Venado Tuerto-; Chubut -Rawson, Trelew, Puerto Madryn, Esquel-; Río Negro -El Bolsón-; Neuquén -Bariloche, San Martín

de los Andes-. Corrientes -Goya-; Chaco -Corzuela-. Misiones -Puerto Iguazú-.
URUGUAY (Tres visitas): Montevideo, Ciudad y Cerro, Punta del Este.
CHILE (Tres Visitas: 1997-2003- 2009): Santiago de Chile; Temuco.
México (Una visita) Distrito Federal y Cancún - Octubre/Noviembre de 2014. Distrito Federal y Guadalajara - Mayo-Junio de 2016.
CUBA (Durante 8 años): Ciudad Habana -Plaza de la Revolución, Centro Habana, Habana Vieja, Cerro, Marianao, Alamar, Cojímar, Regla, 10 de Octubre, Playa-; Provincia Habana -Caimito-; Pinar del Río - Pinar del Río, Viñales, Las Terrazas-; Matanzas -Ciudad Matanzas; Cienfuegos; Villa Clara -Santa Clara-; Sancti Spíritus -Fomento, Trinidad, Escambray, El Pedrero, Gavilán, Iguará-; Las Tunas -Las Tunas, El Cornito-; Granma - Bayamo, Niquero, Media Luna, Las Coloradas, Caridad de Mota, La Habanita y otras 20 ciudades de la Sierra Maestra-; Santiago de Cuba -Santiago de Cuba, La Granjita Siboney-.

EUROPA -5 Giras-

ITALIA (Ocho visitas): Roma -Roma Capital, Viterbo, Ronciglione, Ostia, Ostia Antica, Ciampino-, Venezia, Firenze, Génova -Génova, Cogoleto, Vado Ligure, Savona-, Civitavecchia, Adíspoli, Sicilia -Catania, Palermo, Taormina-, Trento, Pisa, Bologna, Arezzo, Isernia, Abruzzo, Basilicata -Matera, Valsinni, Potenza, Policoro, Rotondella, Pomarico, Migliorico, Accettura-, La Puglia -Puglia, Cisternino, Martina Franca, Alberobello, Ostuni, Villa Franca, Fontana, Valle d'Itria-, Calabria, Umbria.
SUIZA (Tres visitas): Schaffhausen, Zurich, Rapperswil, Berna, Ginebra, Lugano.
ALEMANIA (Una visita): Sttutgart, Munich.
BÉLGICA (Dos visitas): Bruselas, Amberes, Brujas.
ESPAÑA: (Cuatro visitas): Madrid -Madrid Capital, Parla y adyacencias; Barcelona -Tarragona, L'Hospitalet de Llobregat-, Galicia -La Coruña, Santiago de Compostela, Lugo-.

PAÍS VASCO (Una visita): San Sebastián, Hernani, Bilbao, Pamplona, Fuenterrabía, Vitoria;
FRANCIA (Tres visitas): París -París Capital, Fontaney-Sous-Bois, Nanterre, Lyón, Grenoble -Grenoble, Echirolles, Fontaine, Vizille, Saint-Martin D'Heres, Bourg-D'Oisans-.

Estrenos de sus libros

IDENTIDAD Café Tortoni, Buenos Aires - Bco. Credicoop Ramos Mejía, Prov. Buenos Aires, Arg.
ANTES QUE EL VIENTO SE APAGUE Librería "Liberarte" Buenos Aires, Arg.
INTERPARES SADE -Sociedad Argentina de Escritores-, Buenos Aires, Arg.
JÚBILO TERRESTRE UNEAC Unión Nacional de Escritores y Artistas de Cuba, La Habana. -CTC (Central de Trabajadores de Cuba) - Rawson, Chubut, Arg.
LLORAR DE PLENITUD UNEAC de Sancti Spítitus. Galería de Arte del Cerro,
La Habana, Cuba -Casa Amistad Argentino Cubana, Buenos Aires -
UMBRAL DE LA PALABRA Museo de la Música, La Habana, Cuba. Festival
del Caribe, Santiago de Cuba, Cuba
CANTO POEMA EN FLOR (Castellano - Italiano) Centro Cultural de la Cooperación, Buenos Aires, Arg. - Librería Odradek, Roma, Italia y Piazza Forte Prenestino, Roma, It.
CON AIRE E GORRIÓN Alta Gracia, Córdoba, Arg.
CANTO POEMA EN FLOR (Castellano - Francés) Mesón de América Latina, París, Francia. - Centro Dulce María Loinaz, La Habana, Cuba. - Teatro IFT Buenos Aires, Arg.
HASTA LA POESÍA SIEMPRE Alta Gracia, Córdoba. Facultad de Villa María, Córdoba. Feria del Libro de Córdoba, Arg.
SECRETOS DEL CORDÓN DE LA VEREDA Santana, Buenos Aires. - Feria el Libro de Córdoba. -Carlos Paz, Córdoba, Arg.
HASTA LA POESÍA SIEMPRE (Italiano). Gira cultural por Italia 70 días, 50 eventos.

CARAMELO DE LIMÓN   La Habana, Cuba. Casa del Alba. Compartido con el
periodista y poeta cubano Luis Hernández Serrano. 6 de Abril de 2016.
En Buenos Aires, Centro Cultural Latinoamericana 24 de Septiembre de 2016
En Provincia de Buenos Aires, Carlos Casares, 16 y 17 de 2016.
VIAJE A LA RAÍZ DEL VIENTO Italia-México. Poesía. 5 autores Ciudad de México
y Guadalajara. Mayo de 2016

HERENCIA

Mi padre fue un obrero que conoció las changas
los talleres oscuros
y el reloj de las fábricas
que cuando apenas pudo levantar nuestra casa,
se lo llevó un verano que lo venía siguiendo
desde su misma infancia
"colocada" en las chacras.

Lo encontré una mañana con las ramas vencidas….

En aquel limpio espacio del árbol y la tierra
comprobé que mi tronco no se cayó de viejo
como debió haber sido,
que el verano era un hacha mensualmente afilada
tronchadora de savia
contraria al equilibrio.

Yo, semilla de ese árbol raído por el viento
alcancé a ver el tronco semidescascarado,
llegué a tocar los callos de su corteza seca
y a aplastar mis mejillas
en la dura madera
cuando ya iba camino de la piedra y del sueño

Por eso no se aparta del ceibo la poesía
y en mi herencia de bosque
¡el hacha es mi enemiga!

De Identidad (Poemas) 1984. Ed. Amaru, Buenos Aires, Argentina.

Herencia - Madre

MADRE

Si no quedase del grito ni el eco de una palabra
Si no viniese el amigo taciturno de la espera
Si hiciese crujir mis huesos la bota e una patada
Sin renegar de mi idea, sin el cielo de una lágrima
    Madre
          me dormiré lentamente
con tu mano en mis cabellos
una bolita cachuza
    y el cuento el chico bueno.

ENTRÁNDONOS

Te quiero como en sueños
                      lentamente
Lábil hasta el derrumbe de mis párpados
Ligeramente alzada de la hierba
o en la trémula entrega bajo el beso

Yo no te necesito más que tuya

        extendidas mis manos a la ausencia
si distante tu voz
o librada al silencio de un recuerdo

Te quiero visitándote la angustia
y el misterio que dejas
cuando pasas
por el neutro camino de tiempo atravesado

       advertido de árboles
junto a la tenue brisa del deseo
a plena coincidencia estremecida

Si es un barco mi piel
toma su rumbo

(el muelle es un invento del viajero)

DESPEDIDA

Me dijeron adiós
en un ritual extraño
mientras se alejaban
danzando
y modelando el viento
Más cuando la mirada
no llegaba a tocarlas
se metieron adentro de mi pecho
para siempre
aunque nunca
tus manos.

De Llorar de plenitud (Poemas) 2002 Ed. Luminaria, Sancti Spíritus, Cuba.

Entrándonos - Despedida

ISLA HEMBRA
                           a Cuba

Sube por el contorno
del resplandor que llevas
el iris musical de cálidas regiones

Te siembran luna solas
entre playas y riscos
con semental aroma de eruptivas praderas

Tu cuerpo es tierra y greda
amasado a la lluvia
y un alfarero el tiempo
modelando la luz
que en vos vuelca la forma
femenina del sueños

Tu tropical silencio
presagia un vendaval
de amor
        por las entrañas

    Niña joven que andas
    desnuda
    caribeña
        de pechos
  enlunados
      iluminando América.

De Umbral de la palabra (Poemas) 2002 Ed. Arte y Literatura, La Habana, Cuba.
Isla hembra - Ruptura - Soldado

RUPTURA

Cuando un sueño se rompe
¿Qué?   ¿Buscar otro?
    ¿unir los pedazos?

¿Dejarlo en el piso y hacerse el distraído?

¿que lo barra el tiempo?
        ¿esperar?

Los sueños debieran aparecer
con un catálogo de duelos
y un cupo de lágrimas

DESDE LA SOLEDAD

Una mujer
        Cae
harapienta
desde la soledad
Vuelca sus manos aire por el aire
No es más que una mujer
echada al cielo
disuelta en sus contornos
dura
a más no poder
Sería hermosa en desabillé
pero verla caer desde mi ventana
a las tres   impura
El alma no se lava en un bidé
diría   en mis mentiras
quepo único como en un catafalco
Enjuago con mi piel
los restos de sus ojos
y la amo
en la caída última
para la pesadilla la amo
para guardar un sabor
una caricia
un trago de ginebra
o aquel poema perdido en el cajón
La amo igual
porque cayendo
                vuela.

De Canto Poema en flor (Poemas) -Bilingüe Castellano / Italiano- 1ª Edic. 2003, 2ª Edic. 2004 Eco Ediciones. Buenos Aires, Argentina y (Poemas) 2005 Bilingüe Castellano / Francés. Ed. Euram Época, Buenos Aires, Argentina.

  Desde la soledad - El guiso

EL GUISO

Abajo

          El leñador pone la leña
          La cocinera cuida la comida

    Bulle la olla
        El cucharón   Arriba
                         alguien come
                         alguien sirve
                         alguien mira.

ÍNDOLE
a Argentina -1984-

    Patria
  Nodriza joven
Llegará el día que quienes
    rasgáronte la blusa
    chuparon tus pezones
    negaron
        ciegos
            tus morenas mieses
destetados del humus natural de sus genes

Regresen
        Joven
a tus ojos
        Patria

Se vuelvan
    y te cuenten
        Nodriza colosal
    y te liberen.

De Hasta la Poesía Siempre (Poesía y Prosa) 2007 Ed. Euram Época. Buenos Aires, Argentina.
Índole - El guiso

TRANCE ETERNO I

Se miró tendido en la mesada por última vez / Sintió alivio / Alzó el puño
   saludándose de sonrisa a sonrisa / oteó la selva / y penetró a la inmortalidad.

TRANCE ETERNO II

   La inmortalidad desmalezó la selva /
   sonriente merodeaba la estirpe de su puño / se derramó en la gente.

ÍNDICE DE AUTORES

ELÍAS ALMADA
(ARGENTINA)..9

MARÍA ELENA ALTAMIRANO
(ARGENTINA)..14

LORENA ÁLVAREZ
(ECUADOR)..21

RAMÓN AMARILLAS
(MÉXICO)...27

EDUARDO ANTONIO BELLO MARTINEZ
(CUBA)...33

SILVIA BOSSI
(ARGENTINA)...39

ALEXANDRA BRITO
(ECUADOR)..45

MARÍA RAQUEL BONIFACINO
(URUGUAY-ARGENTINA) 51

JEANNETTE CABRERA MOLINELLI
 (PUERTO RICO)...57

ANA CEVALLOS CARRIÓN
(ECUADOR)..66

IDANIA DEL CORRAL FUNERO
(CUBA – USA)..74

ESTEBAN ANDRÉS DICKSTEIN
(ARGENTINO)...85

JORGE DE CÓRDOBA
(MÉXICO)...91

MARÍA ISABEL DE LA CRUZ
(VENEZUELA)...97

LILIANA EMERSON
(ARGENTINA)..103

EYANORE
(PUERTO RICO)...109

JUAN GAITÁN
(ESPAÑA)..118

FRANKLIN GALARZA
(ECUADOR)..124

ANTONIO GOICOCHEA
(PERÚ)...130

CLAUDIA SORAYA GOMEZ
(ARGENTINA)..136

ANABEL MARTINA INDA
(ARGENTINA)……………………………………………….142

FABIÁN IRUSTA
(ARGENTINA)……………………………………………….148

GLADYS VIVIANA LANDABURO
(ARGENTINA)……………………………………………….158

PEDRO J. MARÍN
(ESPAÑA)…………………………………………………….165

JEMA MARIE
 (USA – PUERTO RICO)…………………………………….171

DANIEL MENA
(ARGENTINA)……………………………………………….178

AGUSTÍN MEDINA
(ARGENTINA)……………………………………………….187

JOSÉ LORENZO MEDINA
(ARGENTINA)……………………………………………....195

ISABEL MIRANDA ROBLES
 (MÉXICO – USA)……………………………………………201

YSIDRO PARRA MORÁN
(VENEZUELA)…………………………………………....208

FABIANA PICEDA
(ARGENTINA)..218

MARÍA RESCA
(ARGENTINA)..227

PERLA RIVERA
(PUERTO RICO)...233

MANUEL SALINAS
(ESPAÑA)..241

SANDRA SANTANA
(PUERTORICO)..247

NANCY SANTIAGO TORO
(USA)..253

JOSÉ GERARDO SANTOS VEGA
(PUERTO RICO)...263

ALEJANDRA VERUSHKA
(BOLIVIA)...269

GUSTAVO VILLANUEVA
(PERÚ)..275

ANY SANZ
(ARGENTINA)..284

ABEL GUSTAVO SAYAGUÉS
(ARGENTINA)...290

CRUX DA SILVA
(MÉXICO)..295

GLADYS SORLOZANO
(ARGENTINA)..301

JOSEFINA STASIUCK
(ARGENTINA)..307

SARA TECKEL
(VENEZUELA)...313

FREDY VAZQUEZ
(PERÚ)..319

INVITADO ESPECIAL *HÉCTOR CELANO*
(ARGENTINO – CUBANO)...327

©2017

IMPRESO EN QUALITY
RIOJA 2230 – CÓRDOBA- ARGENTINA

www.ingramcontent.com/pod-product-compliance
Lightning Source LLC
Chambersburg PA
CBHW060551230426
43670CB00011B/1770